P. Dr. Gregor Hohmann OSA
Dominikanerplatz 2
D-97070 Würzburg
Tel.: 0931 - 3097152
Mob: 0173 - 3129470
E-Mail: Gregor@augustiner.de

Der Gottesdienst am Heiligen und Hohen Donnerstag

DER GOTTESDIENST AM HEILIGEN UND HOHEN DONNERSTAG

Zusammengestellt und übersetzt
von HH. Erzpriester Dimitrij Ignatiev

München 1991

Auf dem Umschlag ist das Abendmahl unseres Herrn Jesus Christus mit seinen Jüngern dargestellt. Die Ikone malte **Adam Russak**.

Das vorliegende Büchlein stellt ein Heft der Serie mit den vollständigen liturgischen Texten der Großen (oder Kar-) Woche dar, die in der Folge mit dem Segen **S.E. Mark**, des Erzbischofs von Berlin und Deutschland, in der Druckerei des Klosters des Hl. Hiob von Počaev in München veröffentlicht werden.

Die Zusammenstellung und Übersetzung der Texte unternahm **HH. Erzpriester Dimitrij Ignatiew**, dem an dieser Stelle im Namen aller Orthodoxen deutscher Zunge gedankt sei.

ISBN: 3 - 92 61 65 - 27 - 8
Gestaltung und Druck:
Kloster des Hl. Hiob von Počaev
1991, München

Heiliger und Hoher Donnerstag

Morgenamt

1. Stunde (Prim)

PRIESTER: Gepriesen sei unser Gott allezeit, jetzt und immerdar und in alle Ewigkeit.

LESER: Amen.

Ehre sei Dir, unser Gott, Ehre sei Dir.

Himmlischer König, Tröster, Du Geist der Wahrheit, allgegenwärtig und alles erfüllend, Hort der Güter und Lebenspender, komm, wohne in uns, reinige uns von jedem Makel und rette, Gütiger, unsere Seelen.

Heiliger Gott, heiliger Starker, heiliger Unsterblicher, erbarme Dich unser. dreimal

Ehre sei dem Vater und dem Sohne und dem Heiligen Geiste jetzt und immerdar und in alle Ewigkeit. Amen.

Allheilige Dreieinigkeit, erbarme Dich unser; reinige uns, o Herr, von unseren Sünden; vergib, o Gebieter, unsere Vergehen; suche heim unsere Schwächen, o Heiliger, und heile sie um Deines Namens willen.

Herr, erbarme Dich. dreimal

Ehre sei dem Vater und dem Sohne und dem Heiligen Geiste jetzt und immerdar und in alle Ewigkeit. Amen.

Vater unser, der Du bist in den Himmeln; geheiligt werde Dein Name; Dein Reich komme; Dein Wille geschehe wie im Himmel so auch auf Erden. Unser tägliches Brot gib uns heute; und vergib uns unsere Schuld, wie auch wir vergeben unseren Schuldigern; und führe uns nicht in Versuchung, sondern erlöse uns von dem Bösen.

PRIESTER: Denn Dein ist das Reich und die Kraft und die Herrlichkeit, des Vaters und des Sohnes und des Heiligen Geistes, jetzt und immerdar und in alle Ewigkeit.

LESER: Amen.

Herr, erbarme Dich. zwölfmal

Ehre sei dem Vater und dem Sohne und dem Heiligen Geiste jetzt und immerdar und in alle Ewigkeit. Amen.

Kommet, lasset uns anbeten Gott, unseren König.

Kommet, lasset uns anbeten und niederfallen vor Christus, Gott, unserem König.

Kommet, lasset uns anbeten und niederfallen vor Christus selbst, unserem König und Gott.

Psalm 19[1] Es erhöre Dich der Herr am Tage der Drangsal, Jakobs Gott. Er möge dich schützen. Er sende dir Hilfe vom Heiligtum, von Sion aus steh Er dir bei. Er gedenke all deiner Opfer, dein Ganzopfer finde Gnade vor Ihm. Er gebe dir, was verlanget dein Herz, Erfüllung gewähre Er all deinen Plänen. So werden wir Deines Sieges uns freuen, die Banner erheben im Namen unseres Gottes; all deine Bitten erfülle der Herr. Nun weiß ich: Sieg hat der Herr verliehen Seinem Gesalbten; Er hat ihn erhört von Seinem heiligen Himmel in der Kraft Seiner siegreichen Rechten. Diese vertrauen auf Wagen und jene auf Rosse; wir aber rufen an den Namen des Herrn, unseres Gottes. Sie stürzten und brachen zusammen, wir aber stehen und bleiben. Der Herr verleihe dem König den Sieg und erhöre uns am Tage, da wir rufen zu Dir.

Psalm 20 Herr, Deiner Macht erfreut sich der König, über Deine Hilfe jubelt er laut. Du hast ihm erfüllt seines Herzens Begehr, ihm nicht verweigert, was seine Lippen erbaten. Du bist ihm zuvorgekommen mit Segen und Heil, hast ihm das Haupt gekrönt mit einer Krone von Edelsteinen. Leben erbat er von Dir, und Du gabest es ihm, die Fülle der Tage für immer und ewig. Groß ist sein Ruhm durch die Kraft Deiner Hilfe. Du hast ihn geschmückt mit Hoheit und Pracht. Du hast ihn zum Segen gemacht auf immerdar, ihn beglückt vor Deinem Antlitz mit Freude. Denn der König vertraut auf den Herrn, nicht wird er wanken durch die Gnade des Höchsten. Es komme Deine Hand über all Deine Feinde; die Dich hassen, es treffe sie Deine Rechte. Mach sie erglühn wie im Feuerofen am Tage, da erscheint Dein Antlitz. In seinem Zorne soll der Herr sie vernichten, und das Feuer wird sie fressen. Du wirst ihre Frucht von der Erde vertilgen, ihre Brut aus der Mitte der Menschen. Planen sie wider Dich auch Böses und sinnen sie Arglist, nimmermehr werden sie siegen. Denn du jagest sie alle in die Flucht, gegen ihr Angesicht spannst Du den Bogen. Erhebe Dich, Herr, in Deiner Macht, und Deine Stärke wollen wir besingen und preisen.

Ehre sei dem Vater und dem Sohne und dem Heiligen Geiste jetzt und immerdar und in alle Ewigkeit. Amen.

Heiliger Gott, heiliger Starker, heiliger Unsterblicher, erbarme Dich unser. *dreimal*

Ehre sei dem Vater und dem Sohne und dem Heiligen Geiste jetzt und immerdar und in alle Ewigkeit. Amen.

Allheilige Dreieinigkeit, erbarme Dich unser; reinige uns, o Herr, von unseren Sünden; vergib, o Gebieter, unsere Vergehen; suche heim unsere Schwächen, o Heiliger, und heile sie um Deines Namens willen.

Herr, erbarme Dich. *dreimal*

Ehre sei dem Vater und dem Sohne und dem Heiligen Geiste jetzt und immerdar und in alle Ewigkeit. Amen.

Vater unser, der Du bist in den Himmeln; geheiligt werde Dein Name; Dein Reich komme; Dein Wille geschehe wie im Himmel so auch auf Erden. Unser tägliches Brot gib uns heute; und vergib uns unsere Schuld, wie auch wir vergeben unseren Schuldigern; und führe uns nicht in Versuchung, sondern erlöse uns von dem Bösen.

PRIESTER: Denn Dein ist das Reich und die Kraft und die Herrlichkeit, des Vaters und des Sohnes und des Heiligen Geistes, jetzt und immerdar und in alle Ewigkeit.

LESER: Amen.

Troparion: Rette, Herr, Dein Volk und segne Dein Erbe; verleihe Sieg den orthodoxen Christen über ihre Widersacher und behüte Deine Gemeinde mit Deinem Kreuz.

Ehre sei dem Vater und dem Sohne und dem Heiligen Geiste.

Kondakion: Der Du freiwillig auf das Kreuz Dich erhoben hast, Christus Gott, schenke Dein Erbarmen Deiner neuen, nach Dir genannten Gemeinde; stärke mit Deiner Kraft die orthodoxen Christen, indem Du ihnen den Sieg gibst über die Feinde. So mögen sie, indem sie Dein Kreuz als Waffe des Friedens haben, den unerschütterlichen Sieg bewahren.

jetzt und immerdar und in alle Ewigkeit. Amen.

Theotokion: Hehre, nicht beschämende Schirmherrin, übersieh nicht unser Flehen, gütige allbesungene Gottesgebärerin. Festige unsere Gemeinde; stärke die, denen aufgetragen ist, zu regieren; und gewähre uns allen den Sieg von oben. Denn Gott hast du geboren, einzig Gesegnete.

PRIESTER: Erbarme Dich unser, o Gott, nach Deiner großen Barmherzigkeit, wir bitten Dich, erhöre uns und erbarme Dich.

CHOR: Herr, erbarme Dich. *dreimal*

PRIESTER: Wir beten auch für den rechtgläubigen Episkopat der verfolgten Russischen Kirche, für unseren höchstgeweihten Metropoliten Vitalij, den Ersthierarchen der Russischen Auslandskirche, für unseren Herrn, den hochgeweihten Erzbischof Mark.

CHOR: Herr, erbarme Dich. *dreimal*

PRIESTER: Wir beten auch für alle Brüder und alle Christen.

† Morgenamt †

CHOR: Herr, erbarme Dich. dreimal

PRIESTER: Denn ein barmherziger und menschenliebender Gott bist Du, und Dir senden wir Verherrlichung empor, dem Vater und dem Sohn und dem Heiligen Geiste, jetzt und immerdar und in alle Ewigkeit.

CHOR: Amen.

Im Namen des Herrn, gib, Vater, den Segen!

PRIESTER: Ehre sei der heiligen, wesenseinen, lebendigmachenden und unteilbaren Dreieinigkeit allezeit, jetzt und immerdar und in alle Ewigkeit.

CHOR: Amen.

LESER:

Ehre sei Gott in den Höhen und auf Erden Friede den Menschen Seiner Huld.[2] dreimal

Herr, öffne meine Lippen, und mein Mund wird verkünden Dein Lob. zweimal

Psalm 3 O Herr, wie viele sind es, die mich bedrängen, viele stehn auf wider mich. Viele sind es, die von mir sagen: Für den ist keine Rettung bei Gott. Doch Du, Herr, bist mein Schild, Du bist mein Ruhm, Du erhebest mein Haupt. Mit lauter Stimme rief ich zu Gott, und Er hat mich erhört von seinem heiligen Berge. Ich legte mich zur Ruhe und schlief; ich erhob mich wieder, weil der Herr mich hält. Nicht fürchte ich die Tausende des Volkes, die rings mich feindlich umlagern. Erhebe Dich, Herr, schaffe mir Heil, Du mein Gott! Du hast zerschmettert die Backen all meiner Feinde, die Zähne der Frevler zerbrochen. Bei Gott ist Hilfe, über Deinem Volke sei Dein Segen.

Ich lag und schlief; nun bin ich erwacht, denn der Herr stützt mich.

Psalm 37 Herr, züchtige mich nicht in Deinem Zorne und strafe mich nicht in Deinem Grimme. Denn es drangen ein in mich Deine Pfeile, es lastet auf mir Deine Hand. Mir ist nichts

Heiles am Fleische, da Du mir zürnest, nichts unversehrt an meinem Gebein, da ich gesündigt. Auf meinem Haupt ist übergroß geworden die Schuld, gleich einer schweren Bürde drückt sie mich nieder. Es verwesen meine Wunden und faulen ob all meiner Torheit. Gedrückt bin ich und gar tief gebeugt, traurig geh' ich den ganzen Tag einher. Denn meine Lenden sind voller Brand, an meinem Leibe ist nichts Gesundes. Ermatttet bin ich und ganz zerschlagen, in der Qual meines Herzens schreie ich auf. Herr, mein Verlangen ist Dir offenbar, mein Seufzen ist nicht verborgen vor Dir. Mein Herz erbebt, es verläßt mich die Kraft, das Licht der Augen will mir erlöschen. Freunde und Vertraute wenden von meiner Plage sich ab, und meine Nächsten stehn in der Ferne. Die nach dem Leben mir trachten, legen mir Schlingen, die mir übel wollen, sie drohn mit Verderben, Falschheit sinnen sie immerfort. Ich aber höre nicht; ich bin wie einer, der taub ist; bin wie ein Stummer, der nicht öffnet den Mund. Ich bin geworden wie einer, der nimmer hört, in dessen Mund keine Antwort mehr ist. Denn ich vertraue, Herr, auf Dich, Du wirst mich erhören, mein Herr und mein Gott. Ich sage: Nicht sollen sie meiner sich freuen; nicht prahlen gegen mich, wenn strauchelt mein Fuß. Wahrlich, ich bin dem Untergang nahe, und nimmer verläßt mich der Schmerz. So will meine Schuld ich bekennen, bange ist mir in meiner Sünde. Aber mächtig sind, die ohne Grund mich bekämpfen; und viele sind es, die mich hassen zu Unrecht. Sie vergelten mir Gutes mit Bösem und feinden mich an, denn ich suche das Rechte.

Verlasse mich nicht, Herr, mein Gott, bleib nicht ferne von mir. Eile, mir zu helfen, o Herr, Du mein Heil.

Verlasse mich nicht, Herr, mein Gott, bleib nicht ferne von mir. Eile, mir zu helfen, o Herr, Du mein Heil.

Psalm 62 Gott, mein Gott, zu Dir erwache ich des Morgens, es dürstet nach Dir meine Seele. Nach Dir verlanget mein Leib gleich einem dürren, lechzenden Land ohne Wasser. So schaue ich aus nach Dir im heiligen Zelt, Deine Kraft und Deine Herr-

† **Morgenamt** †

lichkeit möchte ich schauen. Denn besser ist Deine Huld als das Leben, meine Lippen singen Dir Lob. Ich will Dich rühmen mein Leben lang, in Deinem Namen erhebe ich meine Hände. Wie von Fett und Mark wird satt meine Seele, und mit Lippen des Jubels lobsinget mein Mund. Auf meinem Lager gedenke ich Deiner, in den Nachtwachen geht mein Sinnen zu Dir. Fürwahr, Du bist mir ein Helfer geworden, jubeln darf ich in Deiner Fittiche Hut. Meine Seele hängt an Dir, Deine Rechte hält mich fest. Die aber mein Leben verderben wollen, sie fahren hinab zu den Tiefen der Erde; preisgegeben der Gewalt des Schwertes, den Schakalen zur Beute. Der König aber wird sich freuen in Gott, rühmen wird sich jeder, der geschworen bei Ihm, des Lügners Mund wird verstummen.

In Nachtwachen sinne ich über Dich, Denn Du bist meine Hilfe geworden, und unter dem Schatten Deiner Flügel frohlocke ich. Meine Seele hängt an Dir, Deine Rechte hält mich fest.

Ehre sei dem Vater und dem Sohne und dem Heiligen Geiste jetzt und immerdar und in alle Ewigkeit. Amen.

Alleluja, alleluja, alleluja, Ehre sei Dir, o Gott. *dreimal*

Herr, erbarme Dich. *dreimal*

Ehre sei dem Vater und dem Sohne und dem Heiligen Geiste jetzt und immerdar und in alle Ewigkeit. Amen.

Psalm 87 Herr, Du Gott meines Heils, ich rufe um Hilfe bei Tage und schreie des Nachts vor Dir. Laß mein Gebet vor Dich kommen, neige Dein Ohr zu meinem Flehen, Herr! Denn meine Seele ist mit Unheil gesättigt und mein Leben dem Totenreiche nahe. Schon zähle ich zu denen, die zur Grube fuhren; ich bin geworden wie ein Mensch ohne Hilfe, entlassen zu den Toten, den Erschlagenen gleich, die im Grabe schlafen, derer Du nicht mehr gedenkst und die von Deiner hilfreichen Hand geschieden sind. Man brachte mich in die unterste Grube, in Finsternis und Schatten des Todes. Schwer lastet Dein Grimm auf mir, all Deine Wogen gehen über mich hin. Meine Freunde hast Du mir entfremdet, hast mich ihnen zum Abscheu gemacht. Ich bin ausgeliefert und habe keinen Ausweg: meine Augen erlöschen vor Elend. Ich rufe Dich an, Herr, den ganzen Tag. Ich strecke meine Hand aus nach Dir. Wirst Du an den Toten Wunder tun? Stehen die Schatten auf und künden Dein Lob? Wird Deine Barmherzigkeit im Grabe verkündigt und Deine Treue im Abgrund? Werden Deine Wunder in der Finsternis kund, Deine Gerechtigkeit im Lande des Vergessens? Darum schreie ich zu Dir, o Herr, und lasse am frühen Morgen mein Gebet vor Dich kommen. Warum verstößest Du meine Seele, verbirgst Dein Antlitz vor mir? Arm bin ich und mühselig von Jugend auf, erhöht und doch gedemütigt und betrübt. Dein Zorn geht über mich hin, Deine Schrecknisse vernichten mich. Sie umfluten mich wie Wasser immerfort; sie umringen mich allzumal. Den Freund und Genossen hast Du mir entfremdet, mein Vertrauter ist die Finsternis.

O Herr, Du Gott meines Heils, ich rufe um Hilfe bei Tage und schreie des Nachts vor Dir. Laß mein Gebet vor Dich kommen, neige Dein Ohr zu meinem Flehen, Herr!

Psalm 102   Preise, meine Seele, den Herrn, alles in mir lobsinge Seinem heiligen Namen! Preise, meine Seele, den Herrn, und vergiß nicht, was Er dir Gutes getan! Der dir all deine Schuld vergibt und all deine Gebrechen heilt. Aus der Grube erlöst Er dein Leben, Er krönet dich mit Huld und Erbarmen. Dein Leben erfüllt Er mit Gütern, wie dem Adler wird deine Jugend dir neu. Werke der Gerechtigkeit vollbringet der Herr, den Unterdrückten schaffet Er Recht. Kundgetan hat Er Seine Wege dem Mose, Israels Kindern Sein Walten. Der Herr ist barmherzig und gnädig, zögernd im Zorn und reich an Erbarmen. Er hadert nicht immer, nicht ewig währet Sein Zürnen. Nicht handelt Er an uns nach unseren Sünden, und nach den Missetaten vergilt Er uns nicht. Denn so hoch der Himmel über der Erde, so groß ist Seine Barmherzigkeit gegen die Frommen. So weit der Aufgang vom Niedergang, so weit entfernt Er von uns die Schuld. Gleichwie ein Vater sich erbarmet der Kinder, so erbarmt sich der Herr über

† **Morgenamt** †

alle, die Ihn fürchten. Weiß Er doch, welch ein Gebilde wir sind, Er weiß, wir entstammen dem Staub. Des Menschen Tage gleichen dem Gras, er blüht wie die Blume des Feldes. Ein Hauch des Windes, schon ist sie dahin; und der Ort, wo sie stand, er hat sie vergessen. Doch immer und ewig ist mit den Frommen die Gnade des Herrn, mit den Kindern ihrer Kinder seine Gerechtigkeit. Mit jenen, die Seinem Bunde getreu, die bedacht sind, zu handeln nach Seinen Geboten. Seinen Thron hat der Herr bereitet im Himmel, Seine Königsmacht gebietet dem Weltall. Preiset den Herrn, all Seine Engel, ihr Gewaltigen, die ihr vollführet Seine Befehle, gehorsam Seinem gebietenden Worte. Lobet den Herrn, alle himmlischen Heere, ihr Seine Diener, die ihr vollführt Seinen Willen. Preiset den Herrn, all Seine Werke, an jedem Ort Seiner Herrschaft! Du, meine Seele, preise den Herrn.

An jedem Ort Seiner Herrschaft! Du, meine Seele, preise den Herrn.

Psalm 142   Herr, höre auf mein Gebet, vernimm mein Flehen in Deiner Treue, in Deiner Gerechtigkeit erhöre mich! Gehe nicht ins Gericht mit Deinem Knecht; denn kein Lebender ist vor Dir gerecht. Der Feind trachtet mir nach dem Leben; er beugt mich zu Boden, legt mich in Finsternis gleich einem ewig Toten. Mein Geist in mir will verzagen, mein Herz erstarrt mir in der Brust. Ich gedenke vergangener Tage, ich sinne nach über all Dein Tun und erwäge das Werk Deiner Hände. Ich breite meine Hände aus nach Dir; meine Seele ist vor Dir wie lechzendes Land. Erhöre mich bald, o Herr, mein Geist verläßt mich. Verbirg Dein Angesicht nicht vor mir, daß ich nicht denen gleich werde, die zur Grube fahren! Laß mich frühe Deine Gnade hören, denn ich vertraue auf Dich. Tue mir kund den Weg, den ich gehen soll, denn zu Dir erhebe ich meine Seele. Errette mich vor meinen Feinden, o Herr! Zu Dir nehme ich meine Zuflucht. Lehre mich Deinen Willen befolgen, denn Du bist mein Gott; Dein guter Geist geleite mich auf ebener Bahn, um Deines Namens willen, Herr, erhältst Du mich. In Deiner Treue führst Du meine Seele aus der Not. In

Deiner Gnade zerstreust Du meine Feinde und vernichtest alle, die mich bedrängen; denn ich bin Dein Knecht.

In Deiner Gerechtigkeit erhöre mich! Gehe nicht ins Gericht mit Deinem Knechte. Dein guter Geist führe mich auf ebener Bahn.

Ehre sei dem Vater und dem Sohne und dem Heiligen Geiste jetzt und immerdar und in alle Ewigkeit. Amen.

Alleluja, alleluja, alleluja, Ehre sei Dir, o Gott. dreimal

PRIESTER oder DIAKON

In Frieden lasset uns zum Herrn beten!

CHOR: Herr, erbarme Dich.

Um den Frieden von oben und das Heil unserer Seelen lasset uns zum Herrn beten.

CHOR: Herr, erbarme Dich.

Um den Frieden der ganzen Welt, um den Wohlstand der heiligen Kirchen Gottes und um die Einigung aller (Menschen) lasset uns zum Herrn beten.

CHOR: Herr, erbarme Dich.

Für dieses heilige Haus und für alle, die es mit Glauben, Ehrfurcht und Gottesfurcht betreten, lasset uns zum Herrn beten.

CHOR: Herr, erbarme Dich.

Für den rechtgläubigen Episkopat der verfolgten Russischen Kirche, für unseren Herrn, den höchstgeweihten Metropoliten Vitalij, den Ersthierarchen der Russischen Auslandskirche, für unseren Herrn, den hochgeweihten Erzbischof Mark, für die ehrwürdige Priesterschaft, den Diakonat in Christus, für den gesamten geistlichen Stand und alles Volk lasset uns zum Herrn beten.

CHOR: Herr, erbarme Dich.

Für das leidende russische Land und die orthodoxen Gläubigen, die in der Heimat und in der Zerstreuung leben, und für ihre Rettung lasset uns zum Herrn beten.

CHOR: Herr, erbarme Dich.

Für dieses Land, für die, die es regieren und es beschützen, lasset uns zum Herrn beten.

CHOR: Herr, erbarme Dich.

Für diese Stadt, für jede Stadt und jedes Land und für die Gläubigen, die darin leben, lasset uns zum Herrn beten.

CHOR: Herr, erbarme Dich.

Um Wohlbeschaffenheit der Luft, um reiches Gedeihen der Früchte der Erde und friedliche Zeiten lasset uns zum Herrn beten.

CHOR: Herr, erbarme Dich.

Für die Reisenden zu Wasser, zu Lande und in der Luft, für die Kranken und Leidenden, für die Gefangenen und um ihr Heil lasset uns zum Herrn beten.

CHOR: Herr, erbarme Dich.

Auf daß wir erlöst werden von aller Trübsal, Zorn, Gefahr und Not, lasset uns zum Herrn beten.

CHOR: Herr, erbarme Dich.

Stehe bei, errette, erbarme Dich und bewahre uns, o Gott, durch Deine Gnade.

CHOR: Herr, erbarme Dich.

Unserer allheiligen, allreinen, über alles gesegneten und ruhmreichen Gebieterin, der Gottesgebärerin und Immerjungfrau Maria, mit allen Heiligen eingedenk, lasset uns uns selbst und einander und unser ganzes Leben Christus, unserem Gott, befehlen.

CHOR: Dir, o Herr.

PRIESTER: Denn Dir gebührt aller Ruhm, Ehre und Anbetung, dem Vater und dem Sohne und dem Heiligen Geiste jetzt und immerdar und in alle Ewigkeit.

CHOR: Amen.

D/PR: · Alleluja, Ton 8

Inmitten der Nacht erwacht mein Geist zu Dir, o Gott, denn ein Licht sind Deine Gebote auf Erden.

CHOR: Alleluja, Alleluja, Alleluja.

Übet Gerechtigkeit, ihr Bewohner der Erde.

CHOR: Alleluja, Alleluja, Alleluja.

Der Zorn wird ergreifen das ungehorsame Volk.

CHOR: Alleluja, Alleluja, Alleluja.

Laß Unheil widerfahren, o Herr, laß Unheil widerfahren denen, die irdischen Rühmens voll sind.

CHOR: Alleluja, Alleluja, Alleluja.

Troparion, Ton 8

Als die ruhmreichen Jünger während der Waschung am Abend des Mahles erleuchtet wurden, ward der arglistige Judas, der an Geldgier krankte, verfinstert; und er überlieferte dich, den gerechten Richter, den gesetzlosen Richtern. Siehe den Raffer der Vermögen, der sich deshalb auch erhängte: fliehe die unersättliche Seele, die solches dem Lehrer angetan hat. O über alles, gütiger Herr, ehre sei dir. *dreimal*

D/PR: Und auf daß wir gewürdigt werden, das heilige Evangelium zu hören, beten wir zu dem Herrn, Gott.

CHOR: Herr, erbarme Dich. *dreimal*

D/PR:	Weisheit, stehet aufrecht, lasset uns das heilige Evangelium hören.
PR:	Friede allen.
CHOR:	Und deinem Geiste.
PR:	Lesung des heiligen Evangeliums nach Lukas. [3]
CHOR:	Ehre sei Dir, o Herr, Ehre sei Dir.
D/PR:	Lasset uns aufmerken.

PRIESTER:

In jener Zeit nahte sich das Fest der ungesäuerten Brote, das Pas'cha heißt. Und die Hohenpriester und Schriftgelehrten suchten, wie sie Ihn beseitigen könnten, denn sie fürchteten das Volk.

Es fuhr aber der Satan in Judas, der Iskariot hieß, einen aus der Zahl der Zwölf. Und er ging hin und besprach sich mit den Hohenpriestern und Hauptleuten, wie er Ihn an sie überliefern könnte. Und sie freuten sich und kamen mit ihm überein, ihm Geld zu geben. Und er sagte zu und suchte eine Gelegenheit, Ihn ohne Aufsehen bei der Menge zu überliefern.

Es kam aber der Tag der ungesäuerten Brote, an dem das Pas'chalamm geschlachtet werden mußte. Da entsandte Er Petrus und Johannes und sprach: "Geht hin und bereitet uns das Pas'chamahl, damit wir es essen." Sie antworteten Ihm: "Wo willst Du, daß wir es bereiten?" Er aber sprach zu ihnen: "Siehe, sobald ihr in die Stadt hineinkommt, wird euch ein Mann begegnen, der einen Wasserkrug trägt; folgt ihm in das Haus, in das er hineingeht, und sagt zu dem Hausherrn: 'Der Meister läßt dir sagen: Wo ist das Gemach, in dem Ich mit Meinen Jüngern das Pas'chamahl halten kann?' Und er wird euch ein großes Obergemach zeigen, das mit Polstern belegt ist. Dort bereitet es zu." Da gingen sie hin und fanden es, wie Er ihnen gesagt hatte, und bereiteten das Pas'chamahl.

Und als die Stunde gekommen war, legte Er sich zu Tische und die Apostel mit Ihm. Und Er sprach zu ihnen: "Sehnlich hat es Mich verlangt, dieses Pas'chamahl mit euch zu essen, bevor Ich leide. Denn Ich sage euch, von nun an werde Ich es nicht mehr essen, bis es seine Vollendung finden wird im Reiche Gottes."

Und Er nahm einen Kelch, sagte Dank und sprach: "Nehmet ihn und teilet ihn unter euch. Denn Ich sage euch: Von nun an werde Ich nicht mehr von der Frucht des Weinstockes trinken, bis das Reich Gottes kommt."

Und Er nahm Brot, sagte Dank, brach es und gab es ihnen mit den Worten: "Das ist Mein Leib, der für euch hingegeben wird; tut dies zu Meinem Gedächtnis." Und ebenso nahm Er nach dem Mahle auch den Kelch mit den Worten: "Dieser Kelch ist der Neue Bund in Meinem Blute, das für euch vergossen wird. Doch siehe, die Hand dessen, der Mich überliefert, ist mit Mir auf dem Tisch. Zwar geht der Menschensohn dahin, wie es bestimmt ist; doch wehe jenem Menschen, durch den Er überliefert wird!" Da begannen sie zu streiten, wer von ihnen es wohl wäre, der das tun würde.

Es entstand aber auch ein Streit unter ihnen, wer von ihnen als der Größte gelten könne. Er aber sprach zu ihnen: "Die Könige der Völker herrschen über sie, und die Gewalthaber lassen sich Wohltäter nennen. Bei euch aber soll es nicht so sein, sondern der Größte unter euch werde wie der Geringste und der Führer wie der Diener. Denn wer ist größer, der zu Tische sitzt oder der bedient? Nicht der zu Tische sitzt? Ich aber bin in eurer Mitte wie einer, der dient.

Aber ihr seid es, die mit Mir ausgeharrt haben in Meinen Prüfungen. So bestimme Ich euch das Reich, wie es Mir Mein Vater bestimmt hat: Ihr sollt essen und trinken in Meinem Reiche und auf Thronen sitzen, zu richten die zwölf Stämme Israels.

Simon, Simon, siehe der Satan hat verlangt, euch im Sieb zu schütteln wie den Weizen. Ich aber habe gebetet für dich, daß dein Glaube nicht wanke; du aber, stärke dereinst nach deiner

Umkehr deine Brüder!" Er aber sagte zu Ihm: "Herr, ich bin bereit, mit Dir in Kerker und Tod zu gehen!" Er aber sprach: "Ich sage dir, Petrus: Der Hahn wird heute nicht krähen, bis du dreimal geleugnet hast, Mich zu kennen."

Und Er sprach zu ihnen: "Als Ich euch ohne Beutel und Tasche und Schuhe aussandte, hat es euch da an irgend etwas gemangelt?" Sie aber sagten: "An nichts." Er aber sprach zu ihnen: "Jetzt nehme, wer einen Beutel hat, ihn zu sich und wer eine Tasche hat und wer kein Schwert hat, verkaufe seinen Mantel und kaufe jenes. Denn Ich sage euch, was geschrieben steht: 'Zu den Übeltätern wurde er gezählt', muß an Mir erfüllt werden; denn was Mir bestimmt ist, kommt jetzt zu Ende." Sie aber sagten: "Herr, sieh, hier sind zwei Schwerter!" Er aber sprach zu ihnen: "Es ist genug."

Und Er ging hinaus und begab Sich nach Seiner Gewohnheit an den Ölberg; es folgten Ihm aber auch Seine Jünger.

CHOR: Ehre sei Dir, o Herr, Ehre sei Dir.

LESER:

Psalm 50 Erbarme Dich meiner, o Gott, nach Deiner großen Güte, nach der Fülle Deines Erbarmens tilge meine Schuld. Wasche mich rein von meiner Missetat, reinige mich von meiner Sünde. Denn ich kenne mein Vergehen, und meine Sünde steht mir immerdar vor Augen. Ich habe gesündigt an Dir allein; was böse vor Dir, ich habe es getan. Nun erweisest Du Dich in Deinem Urteil gerecht, und recht behalten hast Du in Deinem Gerichte. Siehe, in Schuld bin ich geboren, und ich war schon in Sünde, als mich die Mutter empfangen. Doch siehe, Du hast Gefallen an der Wahrheit des Herzens; lehre mich Geheimnisse der Weisheit. Besprenge mich mit Ysop, so werde ich rein; wasche mich, und ich werde weißer als der Schnee. Laß mich vernehmen Freude und Wonne, und mein zerschlagen Gebein wird frohlocken. Wende ab von meinen Sünden Dein Angesicht und tilge all meine Frevel. Ein reines Herz erschaffe mir, Gott, und einen festen Geist erwecke mir neu. Von Deinem Antlitz verstoße mich nicht. Nimm von mir nicht hinweg Deinen heiligen Geist. Deines Heiles Wonne schenke mir wieder, in willigem Geiste mache mich stark. Dann will ich Deine Wege den Irrenden weisen, und Sünder werden sich bekehren zu Dir. Errette mich aus der Blutschuld, o Gott, Du Gott meines Heiles, und meine Zunge wird Deine Gerechtigkeit rühmen. Herr, tue auf meine Lippen, und mein Mund wird verkünden Dein Lob. Denn Schlachtopfer begehrst Du nicht; und gäbe ich Dir Brandopfer, es gefiele Dir nicht. Ein Opfer, das Gott gefällt, ist ein zerbrochener Geist; ein reuevolles und demütiges Herz wirst Du, o Gott, nicht verachten. Tue Sion Gutes nach Deinem Wohlgefallen, baue die Mauern Jerusalems auf. Dann hast Du Gefallen am Opfer der Gerechtigkeit, an Gaben und Brandopfern, dann wird man Opfertiere legen auf Deinen Altar.

Kanon Ton 6

ODE 1

Irmos   *Das gespaltene Rote Meer teilt sich, und die wogenreiche Tiefe trocknet aus und wird zugleich für die Unbewaffneten zum Pfade und den Bewaffneten zum Grabe; deshalb wird das gottgefällige Lied gesungen: Wunderbar ward Christus, unser Gott, verherrlicht.*

LESER: Ehre sei Dir, unser Gott, Ehre sei Dir.

Gottes unendliche Weisheit, Grund und Quelle des Lebens, erbaute sich einen Tempel aus der reinen, jungfräulichen Mutter; denn mit dem Tempel des Leibes umkleidet, hat Sich Christus, unser Gott, wunderbar verherrlicht.

Ehre sei Dir, unser Gott, Ehre sei Dir.

Die wahrhafte Weisheit Gottes, indem Sie ihre Freunde in die Mysterien einführt, bereitet den Tisch, der die Nahrung der Seele ist, und den Kelch, der der Trank der Unsterblichkeit für die Gläubigen ist. Lasset uns fromm hintreten und rufen: Du hast Dich wunderbar verherrlicht, Christus, unser Gott.

Ehre sei Dir, unser Gott, Ehre sei Dir.

Lasset uns, alle Gläubigen, auf die erhabene Kunde der unerschaffenen und dem Wesen Gottes eigene Weisheit hören, die uns zusammenruft; lasset uns hören, wie sie uns zuruft: Schmecket und erkennet, daß Ich - Christus - gütig bin, und rufet aus: Wunderbar ward Christus, unser Gott, verherrlicht.

Katawasia *Das gespaltene Rote Meer teilt sich, und die wogenreiche Tiefe trocknet aus und wird zugleich für die Unbewaffneten zum Pfade und den Bewaffneten zum Grabe; deshalb wird das gottgefällige Lied gesungen: Wunderbar ward Christus, unser Gott, verherrlicht.*

ODE 3

Irmos *Als unser aller Herr und Schöpfer hat der leidlose Gott, indem Er Mensch geworden ist, die Erschaffenen mit Sich Selbst vereint. Und für die Du als das Pas'chaopfer sterben wolltest, hast Du Dich selbst hingegeben und rufest: Kostet von meinem Leib, und ihr werdet im Glauben gefestigt.*

Ehre sei Dir, unser Gott, Ehre sei Dir.

Durch Dein Sühneopfer für das ganze Menschengeschlecht, Gütiger, hast Du Deinen Jüngern den Kelch der Freude, den Du Selbst fülltest, zum Trank gereicht. Denn Du Selbst bringest Dich dar und rufest: Trinket mein Blut, und ihr werdet durch den Glauben gefestigt.

Ehre sei Dir, unser Gott, Ehre sei Dir.

Du, Langmütiger, hast Deinen Jüngern vorausgesagt, daß der vernunftlose Mensch, der unter euch der Verräter ist, es nicht erkennen wird. Und weil er unklug ist, kann er es nicht verstehen. Doch gleichwohl, bleibet in Mir, und ihr werdet im Glauben gefestigt.

Katawasia *Als unser aller Herr und Schöpfer hat der leidlose Gott, indem Er Mensch geworden ist, die Erschaffenen mit Sich Selbst vereint. Und für die Du als das Pas'chaopfer sterben wolltest, hast Du Dich selbst hingegeben und rufest: Kostet von meinem Leib und ihr werdet im Glauben gefestigt.*

DIAKON/PRIESTER:

Wieder und wieder lasset uns in Frieden zum Herrn beten.

CHOR: Herr, erbarme Dich.

Stehe bei, errette, erbarme Dich und bewahre uns, o Gott, durch Deine Gnade.

CHOR: Herr, erbarme Dich.

Unserer allheiligen, allreinen, über alles gesegneten und ruhmreichen Gebieterin, der Gottesgebärerin und Immerjungfrau Maria mit allen Heiligen eingedenk, lasset uns uns selbst und unser ganzes Leben Christus, unserem Gott, befehlen.

CHOR: Dir, o Herr.

PRIESTER: Denn Du bist unser Gott, und wir senden Dir den Lobpreis empor, dem Vater und dem Sohne und dem Heiligen Geiste, jetzt und immerdar und in alle Ewigkeit.

CHOR: Amen.

Sedalen Ton 1 Der Du die Seen, die Quellen und die Meere erschaffen hast, gabst uns die besondere Art der Demut als Lehre: Du umgürtetest Dich mit einem Linnentuch und hast die Füße der Jünger gewaschen. Dich dadurch demütigend, zeigtest Du die Größe Deines Erbarmens und hast uns aus der Untiefe der Sünde emporgehoben als der einzig Menschenliebende.

Ehre sei dem Vater und dem Sohne und dem Heiligen Geiste.

Ton 3   Aus Barmherzigkeit hast Du Dich gedemütigt, indem Du die Füße Deiner Jünger gewaschen hast und sie zum göttlichen Weg gelenkt. Petrus weigerte sich, die Füße waschen zu lassen, fügte sich schließlich dem göttlichen Befehl. Er läßt sich waschen und bittet Dich inbrünstig, uns die große Gnade zu schenken.

Jetzt und immerdar und in alle Ewigkeit. Amen.

Ton 4   Während Du, Gebieter, mit Deinen Jüngern beim Mahle saßest, offenbartest Du geheimnisvoll Dein allheiliges Opfer, durch das wir vom Verderben erlöst wurden: wir, die Deine ehrwürdigen Leiden verehren.

ODE 4

Irmos   *Als der Prophet Dein unaussprechliches Mysterium voraussah, Christus, weissagte er: Du hast die Macht der Liebe erwiesen, barmherziger Vater! Denn Du hast Deinen Einziggeborenen Sohn, Gütiger, als Sühneopfer in die Welt gesandt.*

Ehre sei Dir, unser Gott, Ehre sei Dir.

Als Du zu den Leiden gingst, Christus, die zur Quelle der Leidlosigkeit für die Nachkommen Adams wurden, sprachst Du zu deinen Freunden: Denn Mich, den Einziggeborenen, hat der Vater als Sühneopfer in die Welt gesandt.

Ehre sei Dir, unser Gott, Ehre sei Dir.

Als Du den Kelch trankst, riefst Du, Unsterblicher, den Jüngern zu: Lebend werde Ich in Zukunft von der Frucht des Weinstockes nicht mehr mit euch trinken; Denn Mich, den Einziggeborenen, hat der Vater als Sühneopfer in die Welt gesandt.

Ehre sei Dir, unser Gott, Ehre sei Dir.

So sprachst Du zu Deinen Freunden, Christus: Ich sage euch: Ich werde diesen neuen Trank, der die Vernunft übersteigt, in

Meinem Reiche trinken. Denn als Gott werde Ich mit euch wie "ein Gott mit Göttern" zusammen sein: denn Mich, den Einziggeborenen, hat der Vater als Sühneopfer in die Welt gesandt.

Katawasia *Als der Prophet Dein unaussprechliches Mysterium voraussah, Christus, weissagte er: Du hast die Macht der Liebe erwiesen, barmherziger Vater! Denn Du hast Deinen Einziggeborenen Sohn, Gütiger, als Sühneopfer in die Welt gesandt.*

ODE 5

Irmos *Die durch das Band der Liebe verbundenen Apostel haben sich Christus, Dem, Der über alles herrscht, gefügt und ließen ihre erhabenen Füße sich waschen, allen die frohe Botschaft des Friedens verkündigend.*

Ehre sei Dir, unser Gott, Ehre sei Dir.

Gottes Weisheit, die das unbändige, überschäumende Wasser in den Lüften beherrscht, die Tiefen zäumt und die Meere zähmt, schüttet das Wasser in ein Waschbecken. Und der Gebieter wäscht die Füße der Knechte.

Ehre sei Dir, unser Gott, Ehre sei Dir.

Den Jüngern zeigt der Gebieter das Vorbild der Demut: Der mit Wolken den Himmel bedeckt, umgürtet sich mit einem Linnentuch und beugt das Knie, um die Füße der Knechte zu waschen, in Dessen Hand aber der Odem aller Seienden ist.

Katawasia *Die durch das Band der Liebe verbundenen Apostel haben sich Christus, Dem, Der über alles herrscht, gefügt und ließen ihre erhabenen Füße sich waschen, allen die frohe Botschaft des Friedens verkündigend.*

ODE 6

Irmos *Der Sünden tiefster Abgrund hat mich umfangen, und die Wellenbrandung nicht mehr ertragend, rufe ich, Gebieter, wie Jonas zu Dir: Führe mich aus dem Verderben hinauf.*

Ehre sei Dir, unser Gott, Ehre sei Dir.

Ihr Jünger, nennt Mich den Herrn und Lehrer: Ich bin es auch, riefst Du, Erlöser. Deshalb eifert dem Vorbild nach, das ihr in Mir sehet.

Ehre sei Dir, unser Gott, Ehre sei Dir.

Wer keine Befleckung hat, braucht nicht, daß man ihm die Füße wäscht: ihr seid rein, o Jünger, doch nicht alle: denn einer von euch wird in einem Augenblick ins Verderben stürzen.

Katawasia *Der Sünden tiefster Abgrund hat mich umfangen, und die Wellenbrandung nicht mehr ertragend, rufe ich, Gebieter, wie Jonas zu Dir: Führe mich aus dem Verderben hinauf.*

DIAKON/PRIESTER:
Wieder und wieder lasset uns in Frieden zum Herrn beten.

CHOR: Herr, erbarme Dich.

Stehe bei, errette, erbarme Dich und bewahre uns, o Gott, durch Deine Gnade.

CHOR: Herr, erbarme Dich.

Unserer allheiligen, allreinen, über alles gesegneten und ruhmreichen Gebieterin, der Gottesgebärerin und Immerjungfrau Maria mit allen Heiligen eingedenk, lasset uns uns selbst und unser ganzes Leben Christus, unserem Gott, befehlen.

CHOR: Dir, o Herr.

PRIESTER: Denn Du bist der König des Friedens und der Erlöser unserer Seelen, und Dir senden wir den Lobpreis empor, dem Vater und dem Sohne und dem Heiligen Geiste, jetzt und immerdar und in alle Ewigkeit.

CHOR: Amen

Kondakion Ton 2

Nachdem der Verräter das Brot in seine Hände empfangen hat, streckt er sie heimlich aus und empfängt den Kaufpreis für den Schöpfer, Der mit Seinen Händen den Menschen erschuf. Und Judas blieb unverbesserlich, ein Knecht und arglistig.

Ikos

Nachdem wir alle in Furcht dem geheimnisvollen Tische genaht sind, lasset uns mit reinen Seelen das Brot empfangen, indem wir mit dem Gebieter zusammenbleiben: damit wir sehen, wie Er die Füße der Jünger wäscht, und lasset uns handeln, wie wir es sahen: sich einander unterordnend und einander die Füße waschend; denn so hat Christus Seinen Jüngern befohlen, das gleiche zu tun: doch dies hörte Judas nicht, der arglistige Knecht.

ODE 7

Irmos Die Jünglinge in Babylon fürchteten sich nicht vor den Flammen des Ofens, aber mitten in die Flammen hineingestoßen, wurden sie mit dem Tau besprengt, und sie sangen: Gesegnet bist Du, Herr, Gott unserer Väter.

Ehre sei Dir, unser Gott, Ehre sei Dir.

Durch das Nicken des Hauptes gab Judas das Zeichen des Einverständnisses zum Verrat, suchte die Gelegenheit, den Richter zur Verurteilung zu überliefern, Ihn, den Herrn aller und Gott unserer Väter.

Ehre sei Dir, unser Gott, Ehre sei Dir

Zu euch, den Freunden, sprach Christus: "Einer wird Mich verraten." Indem sie die Freude vergaßen, wurden sie von Betrübnis und Furcht ergriffen: "Wer ist es, sage uns", sprachen sie, "Gott userer Väter".

Ehre sei Dir, unser Gott, Ehre sei Dir.

Der mit Mir in die Salzschale seine Hand verwegen eintaucht, dem wäre es besser, des Lebens Pforten nie durchschritten zu haben. Ihn, den Verräter, offenbarte der Gott unserer Väter.

† **Morgenamt** †

Katawasia *Die Jünglinge in Babylon fürchteten sich nicht vor den Flammen des Ofens, aber mitten in die Flammen hineingestoßen, wurden sie mit dem Tau besprengt, und sie sangen: Gesegnet bist Du, Herr, Gott unserer Väter.*

ODE 8

Irmos *Für die Gesetze der Väter ließen sich die seligen Jünglinge in Babylon den Gefahren aussetzen und widersetzten sich dem wahnsinnigen Befehl des Herrschers; und alle zusammen wurden vom Feuer nicht verzehrt und sangen dem Allmächtigen würdigen Lobgesang: Lobet die Werke des Herrn und erhebet Ihn in alle Ewigkeit.*

Ehre sei Dir, unser Gott, Ehre sei Dir.

Die glückseligen Tischgenossen, die Apostel in Sion, folgten ergeben dem Worte wie die Lämmer den Hirten; und vereint, haben sie sich nicht von Christus getrennt, indem sie durch das göttliche Wort genährt wurden; und sie riefen dankbar: Lobet die Werke des Herrn und erhebet Ihn in alle Ewigkeit.

Ehre sei Dir, unser Gott, Ehre sei Dir.

Die Liebe zum Gesetze hat Judas, unseligen Namens, freiwillig vergessen und wandte seine Füße, die ihm gewaschen wurden, dem Verrate zu. Und indem er Dein Brot aß, den göttlichen Leib, erhob er die Ferse gegen Dich, Christus, und verstand nicht zu rufen: Lobet die Werke des Herrn und erhebet Ihn in alle Ewigkeit.

Ehre sei Dir, unser Gott, Ehre sei Dir.

Der Gewissenlose empfing den Leib, die endgültige Reinigung von der Sünde, und das göttliche Blut, das für die Welt vergossen wird: Doch er schämte sich nicht und verkaufte für Geld. Er entrüstete sich auch nicht über seine Bosheit und verstand nicht zu rufen: Lobet die Werke des Herrn und erhebet Ihn in alle Ewigkeit.

CHOR: Wir loben und preisen und beten an den Herrn; wir besingen und erheben Ihn hoch in alle Ewigkeit.

Katawasia *Für die Gesetze der Väter ließen sich die seligen Jünglinge in Babylon den Gefahren aussetzen und widersetzten sich dem wahnsinnigen Befehl des Herrschers; und alle zusammen wurden sie vom Feuer nicht verzehrt und sangen dem Allmächtigen würdigen Lobgesang: Lobet die Werke des Herrn und erhebet Ihn in alle Ewigkeit.*

ODE 9

Irmos *Kommet, ihr Gläubigen, lasset uns genießen, hehren Sinnes, im Obergemache von der Gastfreundschaft des Gebieters und des unsterblichen Mahles; und lasset uns vom Worte des in das Obergemach gekommenen Wortes lernen, Das wir preisen.*

Ehre sei Dir, unser Gott, Ehre sei Dir.

Gehet, sprach das Wort zu den Jüngern, bereitet auf dem erhöhten Platz (des Obergemachs) das Pas'chamahl vor, das den Geist festigt; und rüstet dieses Pas'cha denen, die Ich in die Geheimnisse einweihe mit dem ungesäuerten Worte der Wahrheit; preiset die Kraft der Gnade.

Ehre sei Dir, unser Gott, Ehre sei Dir.

Als den Schöpfer zeugt der Vater vor aller Ewigkeit Mich, die Weisheit, den Anfang der Wege, und setzte ins Werk, was jetzt sich mystisch vollendet. Denn wenn auch das Wort unerschaffen von Natur, mache ich mir doch die Worte zu eigen über die von mir jetzt angenommene Menschennatur.

Ehre sei Dir, unser Gott, Ehre sei Dir.

Wie ein Mensch bin ich dem Wesen nach und nicht der Einbildung nach, so bin ich Gott, indem die menschliche Natur mir in der Weise der Gegengabe geeint ist; deshalb erkennet Mich, Christus, als den Einen, denn Ich erlöse das, woraus Ich bin und worin Ich bin.

Katawasia *Kommet, ihr Gläubigen, lasset uns genießen, hehren Sinnes, im Obergemache von der Gastfreundschaft des Gebieters und des unsterblichen Mahles; und lasset uns vom Worte des in das Obergemach gekommenen Wortes lernen, Das wir preisen.*

DIAKON/PRIESTER:

Wieder und wieder lasset uns in Frieden zum Herrn beten.

CHOR: Herr, erbarme Dich.

Stehe bei, errette, erbarme Dich und bewahre uns, o Gott, durch Deine Gnade.

CHOR: Herr, erbarme Dich.

Unserer allheiligen, allreinen, über alles gesegneten und ruhmreichen Gebieterin, der Gottesgebärerin und Immerjungfrau Maria mit allen Heiligen eingedenk, lasset uns uns selbst und unser ganzes Leben Christus, unserem Gott, befehlen.

CHOR: Dir, o Herr.

PRIESTER: Denn Dich loben alle Kräfte der Himmel, und Dir senden wir die Lobpreisung empor, dem Vater und dem Sohne und dem Heiligen Geiste jetzt und immerdar und in alle Ewigkeit.

CHOR: Amen.

LEKTOR oder CHOR: Exapostilarion

Dein Brautgemach sehe ich, mein Erlöser, geschmückt und habe kein Festgewand, daß ich eintreten kann. Mache leuchtend das Gewand meiner Seele, o Lichtspender, und erlöse mich. dreimal

LESER:

Psalm 148   Lobet den Herrn in den Himmeln, lobet Ihn in den Höhen. Lobet Ihn, all Seine Engel, lobet Ihn, all Seine Heerscharen.

Lobet Ihn, Sonne und Mond; lobet Ihn, all ihr Sterne und das Licht; lobet Ihn, ihr Himmel aller Himmel; lobet Ihn, ihr

Wasser über den Himmeln. Sie sollen loben den Namen des Herrn; denn Er sprach, und sie wurden geboren, Er gebot, und sie waren geschaffen. Er stellte fest auf immer und ewig; Er setzte eine Ordnung ein, die nicht vergehen wird.

Lobet den Herrn von der Erde her, ihr Ungetüme und Urtiefen alle, du Feuer und Hagel, Wolken und Schnee, brausende Stürme, die ihr vollführt Seinen Willen. All ihr Berge und Hügel, ihr Fruchtbäume und Zedern alle, ihr wilden Tiere und ihr zahmen, du Gewürm und ihr, beschwingte Vögel! Ihr Könige der Erde und all ihr Völker, ihr Fürsten und Richter der Erde, ihr Jünglinge und Jungfrauen alle, ihr Greise mitsamt den Kindern!

Sie sollen loben den Namen des Herrn; denn Sein Name allein ist erhaben, Seine Hoheit geht über Erde und Himmel; Er wird die Stirn Seines Volkes erhöhen. Das ist der Hymnus all Seiner Heiligen, der Söhne Israels, des Volkes, das Ihm nahe ist.

Psalm 149 Singet dem Herrn ein neues Lied, Sein Lob erschalle in der Gemeinde der Heiligen! Es freue sich Israel seines Schöpfers, die Söhne Sions sollen ob ihres Königs frohlocken. Loben sollen sie Seinen Namen in Reigen, mit Pauken und Harfen Ihm spielen! Denn der Herr hat Wohlgefallen an Seinem Volke; Er erhebt die Sanftmütigen in Sein Heil. Die Heiligen werden rühmen in Herrlichkeit und frohlocken auf ihren Lagern den Lobpreis Gottes im Munde und ein zweischneidiges Schwert in der Hand, Vergeltung zu üben an den Heiden und Züchtigung an den Nationen, ihre Könige mit Ketten zu binden, ihre Edeln mit eisernen Fesseln, an ihnen zu vollziehen geschriebenes Gesetz, Ehre ist dies für all Seine Frommen.

Psalm 150 Lobet Gott in Seinen Heiligen, lobet Ihn in Seiner starken Feste!

Vers: Lobet Ihn ob Seiner mächtigen Taten,* lobet Ihn nach der Fülle Seiner Macht.

Ton 2 Schon läuft das Synedrion der Juden zusammen, um den Bildner und Schöpfer aller dem Pilatus zu überliefern. O, diese Frevler, o, diese Ungläubigen! Man bereitet sich vor, Den, Der da kommen wird, die Lebenden und die Toten zu richten, vor das Gericht zu stellen; Derjenige, Der die Leiden heilt, wird zu den Leiden vorbereitet. Herr, Langmütiger, groß ist Deine Gnade. Ehre sei Dir.

    Vers: Lobet Ihn mit dem Schall der Posaunen, * lobet Ihn mit Psalter und Harfe.

Judas, der Frevler, der beim Mahle seine Hand in die Schale mit Dir eintauchte, streckte die Hände aus, um die Silberlinge zu empfangen; der den Preis für das Myronöl erwog, entsetzte sich nicht, Dich, den Unschätzbaren, zu verkaufen. Der die Füße hinhielt, daß man sie wasche, küßte arglistig den Gebieter, um Ihn den Frevlern zu verraten; stieß sich aus dem Chor der Apostel aus; hat auch dann die dreißig Silberlinge weggeworfen und so wußte er nicht von Deiner Auferstehung: durch sie, erbarme Dich unser.

    Vers: Lobet Ihn mit Pauken und Reigen,* Lobet Ihn mit Saitenspiel und Flöten.

Judas, der Verräter, voll Arglist, verriet mit arglistigem Kusse den Erlöser, den Herrn; und den Gebieter aller verkaufte er wie einen Sklaven den Juden; wie ein Lamm zum Schlachten, so folgte das Lamm Gottes, der Sohn des Vaters, der einzig Erbarmungsvolle.

    Vers: Lobet Ihn mit klingenden Zimbeln, lobet Ihn mit schallenden Zimbeln. * Alles, was Odem hat, lobe den Herrn.

Judas, der Knecht und der Arglistige, Jünger und Verräter, der Freund und der Teufel, ward an den Werken erkannt. Denn er folgte dem Lehrer und sann gegen Ihn Verrat, indem er bei sich selbst sprach: Ich werde Diesen verraten und das gesammelte Vermögen erhalten. Er suchte auch das Myron zu verkaufen und Jesus durch List in die Gewalt zu bekommen. Er gab den Kuß und übergab Christus. Und wie ein Lamm zur

Schlachtbank, so folgte Dieser, der einzig Barmherzige und Menschenliebende.

Ehre sei dem Vater und dem Sohne und dem Heiligen Geiste jetzt und immerdar und in alle Ewigkeit. Amen.

Vers: Das Lamm, das Isaja verkündete, schreitet zum freiwilligen Schlachten; und die Schultern gab Er den Wunden, die Wangen den Backenstreichen, das Antlitz wandte Er nicht ab von der Schande des Bespeiens; zum schimpflichen Tode wird Er verurteilt. Alles nimmt der Sündlose willig auf Sich, um allen die Auferstehung von den Toten zu schenken.

LESER: Denn Dir gebühret die Ehre, Herr und Gott, und Dir senden wir Verherrlichung empor, dem Vater und dem Sohne und dem Heiligen Geiste, jetzt und immerdar und in alle Ewigkeit. Amen.

PRIESTER: Ehre Dir, Der Du uns das Licht gezeigt hast.

LESER:

Ehre sei Gott in den Höhen und auf Erden Frieden den Menschen Seiner Huld.

Dich loben wir, Dich segnen wir, Dich beten wir an, Dich verherrlichen wir, Dir danken wir ob Deiner großen Herrlichkeit.

Herr, himmlischer König, Gott Vater, Allherrscher; Herr, einziggeborener Sohn, Jesus Christus, und Heiliger Geist.

Herr Gott, Lamm Gottes, Sohn des Vaters, der Du hinwegträgst die Sünde der Welt, erbarme Dich unser. Der Du hinwegträgst die Sünden der Welt, nimm auf unser Flehen, der Du sitzest zur Rechten des Vaters, erbarme Dich unser.

Denn Du bist allein der Heilige, Du allein der Herr, Jesus Christus, in der Herrlichkeit Gottes, des Vaters. Amen.

Ich will Dich segnen Tag für Tag und loben Deinen Namen auf ewig und in der Ewigkeit der Ewigkeiten.

Herr, Du bist unsere Zuflucht von Geschlecht zu Geschlecht. Ich sage: Herr, erbarme Dich meiner; heile meine Seele, denn gegen Dich habe ich gesündigt.

Herr, ich flüchte zu Dir, lehre mich Deinen Willen befolgen; denn Du bist mein Gott. Denn bei Dir ist die Quelle des Lebens, und in Deinem Lichte schauen wir das Licht. Breite aus Dein Erbarmen über alle, die Dich kennen.

Gewähre, Herr, daß wir uns an diesem Tage sündlos bewahren mögen.

Gesegnet bist Du, Herr, Gott unserer Väter, und gelobt und verherrlicht ist Dein Name in alle Ewigkeit. Amen.

Dein Erbarmen, Herr, komme über uns, denn wir haben auf Dich gehofft.

Gesegnet bist Du, Herr, lehre mich Deine Gebote.

Gesegnet bist Du, Gebieter, unterweise mich in Deinen Geboten.

Gesegnet bist Du, Heiliger, erleuchte mich durch Deine Gebote.

Herr, Dein Erbarmen bleibt in alle Ewigkeit; verachte nicht das Werk Deiner Hände.

Dir gebühret Preis, Dir gebühret Lobgesang, Herrlichkeit gebühret Dir, dem Vater und dem Sohne und dem Heiligen Geiste, jetzt und immerdar und in alle Ewigkeit. Amen

DIAKON/PRIESTER:

Lasset uns unser Morgengebet [4] zum Herrn vollenden.

CHOR: Herr, erbarme Dich.

Stehe bei, errette, erbarme Dich und bewahre uns, o Gott, durch Deine Gnade.

CHOR: Herr, erbarme Dich.

Den ganzen Tag vollkommen, heilig, friedlich und ohne Sünde, lasset uns vom Herrn erbitten.

CHOR: Gib, o Herr.

Den Engel des Friedens, den treuen Geleiter und Beschützer unserer Seelen und Leiber, lasset uns vom Herrn erbitten.

CHOR: Gib, o Herr.

Verzeihung und Vergebung unserer Sünden und Verfehlungen lasset uns vom Herrn erbitten.

CHOR: Gib, o Herr.

Das Schöne und Heilsame für unsere Seelen und Frieden für die Welt lasset uns vom Herrn erbitten.

CHOR: Gib, o Herr.

Die übrige Zeit unseres Lebens in Frieden und Umkehr zu vollenden, lasset uns vom Herrn erbitten.

CHOR: Gib, o Herr.

Ein christliches Ende unseres Lebens, schmerzlos, nicht zur Schande gereichend, friedlich und eine gute Antwort vor dem furchtbaren Richterstuhl Christi, lasset uns erbitten.

CHOR: Gib, o Herr.

Unserer allheiligen, allreinen, über alles gesegneten und ruhmreichen Gebieterin, der Gottesgebärerin und Immerjungfrau Maria, mit allen Heiligen eingedenk, lasset uns uns selbst und einander und unser ganzes Leben Christus, unserem Gott, befehlen.

CHOR: Dir, o Herr.

PRIESTER: Denn ein Gott der Gnade, der Erbarmungen und der Menschenliebe bist Du, und Dir senden wir die Lobpreisung empor, dem Vater und dem Sohne und dem Heiligen Geiste, jetzt und immerdar und in alle Ewigkeit.

CHOR: Amen.

PRIESTER: Friede allen.

CHOR: Und Deinem Geiste.

D/PR: Lasset uns beugen unsere Häupter vor dem Herrn.

CHOR: Dir, o Herr.

PRIESTER: Denn an Dir ist es, Dich zu erbarmen und zu retten, und Dir senden wir Verherrlichung empor, dem Vater und dem Sohne und dem Heiligen Geiste, jetzt und immerdar und in alle Ewigkeit.

CHOR: Amen.

Ton 8   Heute hat sich das böse Synedrion gegen Christus versammelt und hat wider Ihn Eitles ersonnen, um dem Pilatus den Unschuldigen zu überliefern. Heute legt sich Judas den Strick - um des Vermögens wegen - und verliert beides: das zeitliche und das göttliche Leben. Heute prophezeit unwillkürlich Kajaphas: Es ist besser, spricht er, daß nur Einer für das Volk stirbt. Denn Er kam, um für unsere Sünden zu leiden und um uns aus der Knechtschaft des Feindes zu befreien als der Gute und der Menschenliebende.

Vers: Der von meinem Brot aß, * erhob seine Ferse gegen mich.

Heute verhüllt sich Judas mit der Maske der Armenliebe und enthüllt das Bild der Habsucht. Er kümmert sich auch nicht mehr um die Armen. er verkauft auch nicht das Myrhenöl der Sünderin, wohl aber das himmlische Myron; und dafür eignet er sich die Silberlinge an. Er läuft zu den Juden und spricht zu den Frevlern: "Was wollt ihr mir geben, und ich werde Ihn euch übergeben?" Wehe, der Geldgier des Verräters! Er macht es sehr billig mit seinem Verkauf und kommt dem Willen der Käufer nach und verkauft den Unschätzbaren. Er handelt nicht um den Preis, sondern verkauft Ihn wie einen flüchtigen Sklaven.Denn es gibt bei den Dieben eine Sitte, die Kostbarkeiten zu verschleudern. Nun aber wirft der Jünger das Heilige den Hunden vor. Denn die

Besessenheit der Habgier ließ ihn wider seinen Gebieter wüten. Lasset uns vor dieser Versuchung fliehen, indem wir rufen: Langmütiger Herr, Ehre sei Dir.

  Vers: Er ging hinaus * und besprach es.

  Dein Verhalten wird voll Trug erfüllt, frevlerischer Judas: indem du an Habsucht krankst, erwarbest du den Haß der Menschen. Denn wenn du den Reichtum liebtest, weshalb kamst du zu Dem, Der die Armut lehrte? Und wenn du Ihn liebtest, weshalb verkauftest du den Unschätzbaren, indem du Ihn dem Tode überliefert hast? Es schaudere die Sonne, stöhne die Erde, und rufe erschüttert: Geduldiger Gebieter! Ehre sei Dir.

  Vers: Eine frevlerische Anklage * erhoben sie wider Mich.

  Ihr Gläubigen, auf daß keiner, der nicht in das Mysterium des Mahles am Abend des Gebieters eingeweiht ist, keiner überhaupt wie Judas arglistig, trete zum Tische des Herrn heran. Denn jener, nachdem er den Bissen empfing, vergriff sich am wahren Brot; äußerlich ein Jünger, in der Tat aber ein Mörder; mit den Juden frohlockte er, mit den Aposteln ging er zusammen hinein. Den er haßte - Den küßte er. Und küssend, verkaufte er Den, Der uns vom Fluche erkauft hat, den Gott und den Erlöser unserer Seelen.

  Ehre sei dem Vater und dem Sohne und dem Heiligen Geiste.

  Ton 8 Dein Verhalten wird voll Trug erfüllt, frevlerischer Judas: indem du an Habsucht krankst, erwarbest du den Haß der Menschen. Denn wenn du den Reichtum liebtest, weshalb kamst du zu Dem, Der die Armut lehrte? Und wenn du Ihn liebtest, weshalb verkauftest du den Unschätzbaren, indem du Ihn dem Tode überliefert hast? Es schaudere die Sonne, stöhne die Erde und rufe erschüttert: Geduldiger Gebieter! Ehre sei Dir.

  Jetzt und immerdar und in alle Ewigkeit. Amen.

  Ton 5 Indem Du Deine Jünger in das Mysterium einweihtest, belehrtest Du sie und sprachst: " O, Freunde, sehet zu, daß keine Furcht euch von Mir trenne. Denn wenn Ich auch leide, geschieht es doch für die Welt. Nehmt keinen Anstoß an Mir; denn Ich bin nicht gekommen, Mich bedienen zu lassen, sondern um zu dienen und Mein Leben für die Erlösung der Welt als Sühne hinzugeben. Wenn ihr also meine Freunde seid, so ahmt Mich nach: Wer der erste sein will, soll der letzte sein: der Gebieter, wie der Diener: Bleibet in Mir, damit ihr Frucht bringt (Trauben tragt). Denn Ich bin der Weinstock des Lebens.

LESER: Gut ist es, den Herrn zu preisen und Deinen Namen zu singen, Höchster, zu verkünden am Morgen Dein Erbarmen und Deine Wahrheit in der Nacht.

Heiliger Gott, heiliger Starker, heiliger Unsterblicher, erbarme Dich unser. dreimal

Ehre sei dem Vater und dem Sohne und dem Heiligen Geiste jetzt und immerdar und in alle Ewigkeit. Amen.

Allheilige Dreieinigkeit, erbarme Dich unser; reinige uns, o Herr, von unseren Sünden; vergib, o Gebieter, unsere Vergehen; suche heim unsere Schwächen, o Heiliger, und heile sie um Deines Namens willen.

Herr, erbarme Dich. dreimal

Ehre sei dem Vater und dem Sohne und dem Heiligen Geiste jetzt und immerdar und in alle Ewigkeit. Amen.

Vater unser, der Du bist in den Himmeln; geheiligt werde Dein Name; Dein Reich komme; Dein Wille geschehe wie im Himmel so auch auf Erden. Unser tägliches Brot gib uns heute; und vergib uns unsere Schuld, wie auch wir vergeben unseren Schuldigern; und führe uns nicht in Versuchung, sondern erlöse uns von dem Bösen.

PRIESTER: Denn Dein ist das Reich und die Kraft und die Herrlichkeit, des Vaters und des Sohnes und des Heiligen Geistes, jetzt und immerdar und in alle Ewigkeit.

CHOR: Amen.

Troparion

Als die ruhmreichen Jünger während der Waschung am Abend des Mahles erleuchtet wurden, ward der arglistige Judas, der an Geldgier krankte, verfinstert; und er überlieferte Dich, den gerechten Richter, den gesetzlosen Richtern. Siehe den Raffer der Vermögen, der sich deshalb auch erhängte: fliehe die unersättliche Seele, die solches dem Lehrer angetan hat. O über alles, gütiger Herr, Ehre sei dir.

DIAKON/PRIESTER:

Erbarme Dich unser, o Gott, nach Deiner großen Barmherzigkeit, wir bitten Dich, erhöre uns und erbarme Dich.

CHOR: Herr, erbarme Dich. dreimal

Wir beten auch für den rechtgläubigen Episkopat der verfolgten Russischen Kirche, für unseren Herrn, den höchstgeweihten Metropoliten Vitalij, den Ersthierarchen der Russischen Auslandskirche, für unseren Herrn, den hochgeweihten Erzbischof Mark, und für alle unsere Brüder in Christus.

CHOR: Herr, erbarme Dich. dreimal

Wir beten auch für das leidende russische Land und die orthodoxen Gläubigen, die in der Heimat und in der Zerstreuung leben, und für ihre Rettung.

CHOR: Herr, erbarme Dich. dreimal

Wir beten auch für die Befreiung Seines Volkes von der bitteren Qual der Herrschaft der Gottlosen, für die Festigung von Einmütigkeit, Bruderliebe und Gottesfurcht unter uns.

CHOR: Herr, erbarme Dich. dreimal

Wir beten auch für dieses Land, für die es regieren und schützen.

CHOR: Herr, erbarme Dich. dreimal

Wir beten auch für die seligen Stifter dieses Gotteshauses ewigen Angedenkens; für alle uns vorangegangenen entschlafenen Väter und Brüder, die hier und allerorten ruhen.

CHOR: Herr, erbarme Dich. dreimal

Wir beten auch um Erbarmen, Gnade, Leben, Frieden, Gesundheit, Rettung, Heimsuchung, Nachlaß und Vergebung der Sünden aller Brüder und Schwestern dieser Gemeinde.

CHOR: Herr, erbarme Dich. dreimal

Wir beten auch für die, die in diesem heiligen und ehrwürdigen Hause Frucht bringen und Gutes wirken, die sich mühen, die hier singen und für das Volk, das vor Dir steht und Deine große und reiche Barmherzigkeit erwartet.

CHOR: Herr, erbarme Dich. dreimal

PRIESTER: Denn ein barmherziger und menschenliebender Gott bist Du, und Dir senden wir Verherrlichung empor, dem Vater und dem Sohne und dem Heiligen Geiste, jetzt und immerdar und in alle Ewigkeit.

CHOR: Amen.

D/PR: Weisheit.

CHOR: Segne.

PRIESTER: Es segne, Der da ist, Christus, unser Gott, allezeit, jetzt und immerdar und in alle Ewigkeit.

CHOR: Amen.

Stärke, Herr, den heiligen orthodoxen Glauben der orthodoxen Christen in alle Ewigkeit. Amen.

1. Stunde

LESER:

Kommet, lasset uns anbeten Gott, unseren König.

Kommet, lasset uns anbeten und niederfallen vor Christus, Gott, unserem König.

Kommet, lasset uns anbeten und niederfallen vor Christus selbst, unserem König und Gott.

Psalm 5   Vernimm meine Worte, o Herr, habe acht auf mein Seufzen! Merke auf mein lautes Gebet, Du mein König und Gott. Denn ich flehe zu Dir, Herr, schon in der Frühe hörst Du mein Rufen, in der Frühe bring ich zu Dir meine Bitten und warte. Nicht bist Du ein Gott, der Gefallen hätte an Frevel, der Böse darf nicht weilen vor Dir, Verblendete können vor Dir nicht bestehen. Die Unrecht üben, Du hassest sie alle, Du vernichtest die Lügner. Der blutbefleckte, der tückische Mann, er ist ein Greuel für den Herrn. Ich aber, dank Deiner unermeßlichen Huld, ich darf betreten Dein Haus; darf niedersinken vor Deinem heiligen Tempel, in Ehrfurcht vor Dir. Der Du gerecht bist, führe mich zum Trotz meiner Feinde, mache eben vor mir Deinen Pfad. Es ist in ihrem Munde nicht Wahrheit, ihr Inneres sinnt Verderben. Ihre Kehle ist ein offenes Grab, wenn auch von Schmeichelreden trieft ihre Zunge. Laß sie es büßen, o Gott, laß sie stürzen in ihre eigenen Ränke. Ob ihrer Frevel stoße sie aus, denn sie bieten Dir Trotz. Doch jubeln sollen, die Zuflucht suchen bei Dir, sie sollen frohlocken auf immer. Beschütze sie und lasse sie Deiner sich freuen, die Deinen Namen verehren. Denn Du segnest, o Herr, den Gerechten, gleich einem Schild ist über ihm Deine Gnade.

Psalm 89   Herr, Du bist unsere Zuflucht von Geschlecht zu Geschlecht. Ehe denn die Berge wurden und gebildet ward die Erde und die Welt, von Ewigkeit bist Du, o Gott, bis in Ewigkeit. Verwirf nicht den Menschen zur Niedrigkeit, Du, der Du gesagt

† 1. Stunde †

hast: "Bekehret euch, ihr Menschenkinder!" Denn tausend Jahre sind vor Dir wie der gestrige Tag, der verging, nur einer Nachtwache gleich. Du nimmst sie jählings hinweg, ein Traum am Morgen; sie sind wie das sprossende Gras. Es kommt hervor in der Frühe und grünet, abgemäht ist es am Abend und welk. Wahrlich, vor Deinem Zorne schwinden wir hin, vor Deinem Ingrimm sind wir erschüttert. Vor Deine Augen stelltest Du unsere Schuld, ins Licht Deines Angesichtes die verborgene Sünde. Denn alle unsere Tage gehen dahin, und wir vergehen in Deinem Zorne, wie ein Seufzer verlebten wir unsere Jahre. Unsere Jahre belehren uns einem Spinnennetz zu gleichen. Die Fülle unserer Jahre ist siebzig, und ist Kraft uns beschieden, kommen wir auf achtzig. Die meisten von ihnen sind Plage und vergebliche Mühe; denn es kommt die Sanftmütigkeit auf uns, und wir werden gezüchtigt (rasch enteilen sie, im Fluge sind wir dahin). Wer kann wägen die Gewalt Deines Zornes, wer fürchtet die Wucht Deines Grimmes? So laß mich erkennen Deine rechte Hand, und diejenigen, die durch die Weisheit des Herzens gebunden sind. Wende Dich wieder zu uns, o Herr, was säumest Du lange? Deinen Knechten sei gnädig. Erquicke uns bald mit Deinem Erbarmen, so werden wir jubeln und froh sein all unsere Tage. Für die Tage, an denen Du uns gezüchtigt hast, mache uns froh, für die Jahre, da wir Böses erfuhren. Dein Werk mache offenbar Deinen Knechten, und ihren Kindern mache kund Deine Herrlichkeit. Und über uns sei die Güte des Herrn, und festige Du das Werk unserer Hände.

Psalm 100 Singen will ich von Huld und Gerechtigkeit Dir, o Herr, ich will Psalmen Dir singen und achten auf den schuldlosen Weg; wann kommst Du zu mir? Ich will wandeln in Reinheit des Herzens in meinem Hause. Ich will nicht stellen vor meine Augen ungerechte Sache, will hassen die Übertreter. Ein falsches Herz soll sich nicht an mich hängen; den Bösen, der von mir abweicht, will ich nicht kennen. Wer heimlich seinen Nächsten verleumdet, den will ich verfolgen; wem das Auge stolz ist und unersättlich das Herz, mit dem will ich nicht essen. Meine Augen sind gerichtet auf die Treuen im Lande, sie sollen wohnen bei mir. Wer wandelt auf rechtem Wege, der soll mir dienen. Es soll nicht wohnen in meinem Hause, wer überheblich tut. Wer unrecht redet, wird nicht recht tun in meinen Augen. In der Frühe will ich töten alle Sünder des Landes, um auszurotten aus der Stadt des Herrn alle Übeltäter.

Ehre sei dem Vater und dem Sohne und dem Heiligen Geiste jetzt und immerdar und in alle Ewigkeit. Amen.

Alleluja, alleluja, alleluja, Ehre sei Dir, o Gott. dreimal

Herr, erbarme Dich. dreimal

Ehre sei dem Vater und dem Sohne und dem Heiligen Geiste.

Als die ruhmreichen Jünger während der Waschung am Abend des Mahles erleuchtet wurden, ward der arglistige Judas, der an Geldgier krankte verfinstert und er überlieferte Dich, den Gerechten Richter, den gesetzlosen Richtern. Siehe den Raffer der Vermögen, der sich deshalb auch erhängte: Fliehe die unersättliche Seele, die solches dem Lehrer angetan hat. O, über alles, Gütiger Herr, Ehre sei Dir.

Jetzt und immerdar und in alle Ewigkeit. Amen.

Wie sollen wir dich nennen, Gnadenerfüllte? Himmel? Denn du ließest uns leuchten die Sonne der Gerechtigkeit. Paradies? Denn du hast hervorgebracht die Blume der Unverweslichkeit. Jungfrau? Denn unversehrt bist du geblieben. Allreine Mutter? Denn auf deinen heiligen Armen hast du getragen deinen Sohn, den Gott des Alls. Bitte Ihn, unsere Seelen zu retten.

LESER: Troparion der Weissagung. Ton 3

CHOR: Der Du für das Menschengeschlecht Backenstreiche empfingst und doch nicht erzürntest, befreie aus dem Verderben unser Leben, Herr, und erlöse uns.

PRIESTER: Lasset uns aufmerken.

LESER: Prokimenon. Psalm 82. Ton 1

Es mögen die Völker erkennen, daß Dein Name ist: der Herr.

CHOR: Es mögen die Völker erkennen, daß Dein Name ist: der Herr.

O Gott, wer könnte Dir ähnlich werden?

CHOR: Es mögen die Völker erkennen, daß Dein Name ist: der Herr.

Es mögen die Völker erkennen.

CHOR: Daß Dein Name ist: der Herr.

PRIESTER: Weisheit.

LESER: Lesung aus der Weissagung des Jeremija.[5]

PRIESTER: Lasset uns aufmerken.

LESER: O Herr, sage mir, und ich werde verstehen; dann sah ich ihr (böses) Tun: Und ich war wie ein argloses Lamm, das zur Schlachtbank geführt wird, und hatte nicht gemerkt, was sie Böses gegen mich sannen: " Wir wollen ihm Holz in sein Brot geben und ihn ausreißen aus dem Lande der Lebenden, daß niemand mehr seines Namens gedenkt!" Du aber, Herr Zebaot, gerechter Richter, der Herz und Nieren prüft, laß mich Deine Rache an ihnen erleben, denn Dir habe ich meine Sache anvertraut. Deshalb hat der Herr Zebaot so gesprochen über die Männer von Anatot, die mir nach dem Leben trachten und sagen: "Du sollst nicht weissagen im Namen des Herrn, sonst mußt du sterben durch unsere Hand." Siehe, ich werde sie heimsuchen. Ihre jungen Männer werden durch das Schwert umkommen, ihre Söhne und Töchter werden Hungers sterben. Kein Überleben wird es für sie geben, wenn ich das Unheil bringe über die Leute von Anatot im Jahr meiner Heimsuchung.

Du behältst recht, o Herr, auch wenn ich mit Dir streiten wollte. Nur eine Frage möchte ich mit Dir besprechen: Warum haben die Gottlosen Glück in ihrem Leben? Warum genießen die treulosen Betrüger sichere Ruhe? Du hast sie gepflanzt, und sie fassen Wurzel, sie treiben Sprossen und bringen Frucht. Du bist nur ihrem Munde nah, aber fern von ihrem Inneren. Aber Du, Herr, kennst und durchschaust mich doch, Du prüfst mein Herz, es ist mit Dir. Scheide sie aus wie Schafe zur Schlachtung, weihe sie für den Tag des Tötens. Wie lange soll die Erde trauern und alles Grün auf dem Felde verdorren? Wegen der Bosheit ihrer Bewohner werden Vieh und Vögel hinweggerafft, denn sie sprechen: Gott sieht nicht unsere Wege. Wenn Du mit den Wanderern läufst und sie Dich schon ermüden?

Auf sammelt euch, alle Tiere des Feldes, kommt herbei zum Fraß! Hirten in großer Zahl haben meinen Weinberg verheert, mein Ackerland zertreten. Sie haben mein kostbares Ackerland zur öden Wüste gemacht. Verödet ist das ganze Land.

So spricht der Herr: Alle Meine bösen Nachbarn, die das Erbe angetastet haben, das Ich Meinem Volke Israel verliehen habe, die werde Ich wahrhaftig aus ihrem Boden herausreißen, und das Haus Juda werde Ich aus ihrer Mitte herausreißen. Wenn Ich sie aber herausgerissen habe, werde Ich Mich ihrer wieder erbarmen und werde jeden in sein Erbe und jeden wieder in sein Land zurückbringen.

PRIESTER: Lasset uns aufmerken.

LESER: Prokimenon. Psalm 75. Ton 8

Betet und erfüllet (das Gelübde) dem Herrn, unserem Gott.

CHOR: Betet und erfüllet (das Gelübde) dem Herrn, unserem Gott.

Gott ist in Judäa bekannt und Sein Name ist hochgepriesen in Israel.

CHOR: Betet und erfüllet (das Gelübde) dem Herrn, unserem Gott.

Betet.

CHOR: Und erfüllet (das Gelübde) dem Herrn, unserem Gott.

LESER:

Richte meine Schritte nach Deinem Worte, und laß kein Unrecht über mich herrschen. Erlöse mich von der Bedrückung der Menschen, damit ich Deine Gebote halte. Laß Dein Angesicht leuchten über Deinen Knecht, und lehre mich Deine Gebote. Es füllt sich mein Mund, o Herr, mit Deinem Lob, damit ich singe Deine Herrlichkeit, den ganzen Tag Deine erhabene Größe.

Heiliger Gott, heiliger Starker, heiliger Unsterblicher, erbarme Dich unser. *dreimal*

Ehre sei dem Vater und dem Sohne und dem Heiligen Geiste jetzt und immerdar und in alle Ewigkeit. **A**men.

Allheilige Dreieinigkeit, erbarme Dich unser; reinige uns, o Herr, von unseren Sünden; vergib, o Gebieter, unsere Vergehen; suche heim unsere Schwächen, o Heiliger, und heile sie um Deines Namens willen.

Herr, erbarme Dich. *dreimal*

Ehre sei dem Vater und dem Sohne und dem Heiligen Geiste jetzt und immerdar und in alle Ewigkeit. **A**men.

Vater unser, der Du bist in den Himmeln; geheiligt werde Dein Name; Dein Reich komme; Dein Wille geschehe wie im Himmel so auch auf Erden. Unser tägliches Brot gib uns heute; und vergib uns unsere Schuld, wie auch wir vergeben unseren Schuldigern; und führe uns nicht in Versuchung, sondern erlöse uns von dem Bösen.

PRIESTER: Denn Dein ist das Reich und die Kraft und die Herrlichkeit, des Vaters und des Sohnes und des Heiligen Geistes, jetzt und immerdar und in alle Ewigkeit.

LESER: **A**men.

Kondakion Ton 2

Nachdem der Verräter das Brot in seine Hände empfangen hat, streckt er sie heimlich aus und empfängt den Kaufpreis für den Schöpfer, Der mit Seinen Händen den Menschen erschuf. Und Judas blieb unverbesserlich, ein Knecht und arglistig.

Herr, erbarme Dich. *vierzigmal*

O Du zu aller Zeit und zu jeder Stunde im Himmel und auf Erden angebeteter und hochgepriesener Christus, Gott! Du Langmütiger, Du Barmherziger, Du Huldvoller, der Du die Gerechten liebst und der Sünder Dich erbarmst, der Du alle zum Heile berufest durch die Verkündigung der zukünftigen Güter: Du Selbst, o Herr, nimm auch unsere Bitten entgegen, die wir in dieser Stunde an Dich richten, und richte unser Leben ein nach Deinen Geboten; heilige unsere Seelen, reinige unsere Leiber, mache zurecht unsere Gedanken, mache rein unser Sinnen und errette uns von aller Trübsal, Leid und Not. Umgib uns mit Deinen heiligen Engeln, auf daß wir, durch ihre Schar bewacht und geführt, zu der Einigung im Glauben und zur Erkenntnis Deiner unnahbaren Herrlichkeit gelangen; denn Du bist hochgelobt in alle Ewigkeit. Amen.

Herr, erbarme Dich. *dreimal*

Ehre sei dem Vater und dem Sohne und dem Heiligen Geiste jetzt und immerdar und in alle Ewigkeit. Amen.

Die du geehrter bist als die Cherubim und unvergleichlich herrlicher als die Seraphim, die du Gott, das Wort, unversehrt geboren hast, in Wahrheit Gottesgebärerin, dich preisen wir hoch!

Im Namen des Herrn gib, Vater, den Segen.

PRIESTER: O Gott, sei barmherzig mit uns, segne uns, laß leuchten Dein Angesicht über uns und erbarme Dich unser.

LESER: Amen.

PRIESTER: Christus, Du wahres Licht, das jeden Menschen erleuchtet und heiligt, der in die Welt kommt, laß über uns aufscheinen das Licht Deines Angesichtes, auf daß wir darin Dein unzugängliches Licht schauen; lenke unsere Schritte zur Erfüllung Deiner Gebote auf die Fürbitten Deiner allreinen Mutter und all Deiner Heiligen. Amen.

CHOR: Dir, der für uns kämpfenden Heerführerin, bringen wir als Deine von den Übeln erlöste Gemeinde, dankerfüllte Siegeslieder dar. Du nun aber, da du unüberwindliche Kraft hast, errette uns aus allen Gefahren, auf daß wir dir zurufen: Sei gegrüßt, du unvermählte Braut.

PRIESTER: Ehre sei Dir, Christus, o Gott, unsere Hoffnung, Ehre sei Dir.

CHOR: Ehre sei dem Vater und dem Sohne und dem Heiligen Geiste jetzt und immerdar und in alle Ewigkeit. Amen.

Herr, erbarme Dich. dreimal

Gib den Segen.

PRIESTER: Der wegen Seiner alles übersteigenden Güte den schönen Weg der Demut gezeigt hat, indem Er die Füße der Jünger gewaschen hat und sogar bis zum Kreuz und Begräbnis zu uns herabgestiegen ist, Christus, unser wahrer Gott, möge auf die Gebete Seiner allreinen Mutter, der seligen und Gott-tragenden Väter und aller Heiligen sich unser erbarmen, denn Er ist gütig und menschenliebend.

CHOR: Amen.

STUNDENLESUNG:

3. Stunde (Terz)
6. Stunde (Sext)
9. Stunde (Non)
Izobrazitel'nyja (Typika)

3. STUNDE

PRIESTER: Gepriesen sei unser Gott allezeit, jetzt und immerdar und in alle Ewigkeit.

LESER: Amen.

Ehre sei Dir, unser Gott, Ehre sei Dir.

Himmlischer König, Tröster, Du Geist der Wahrheit, allgegenwärtig und alles erfüllend, Hort der Güter und Lebenspender, komm, wohne in uns, reinige uns von jedem Makel und rette, Gütiger, unsere Seelen.

Heiliger Gott, heiliger Starker, heiliger Unsterblicher, erbarme Dich unser. *dreimal*

Ehre sei dem Vater und dem Sohne und dem Heiligen Geiste jetzt und immerdar und in alle Ewigkeit. Amen.

Allheilige Dreieinigkeit, erbarme Dich unser; reinige uns, o Herr, von unseren Sünden; vergib, o Gebieter, unsere Vergehen; suche heim unsere Schwächen, o Heiliger, und heile sie um Deines Namens willen.

Herr, erbarme Dich. *dreimal*

Ehre sei dem Vater und dem Sohne und dem Heiligen Geiste jetzt und immerdar und in alle Ewigkeit. Amen.

Vater unser, der Du bist in den Himmeln; geheiligt werde Dein Name; Dein Reich komme; Dein Wille geschehe wie im Himmel so auch auf Erden. Unser tägliches Brot gib uns heute; und vergib uns unsere Schuld, wie auch wir vergeben unseren Schuldigern; und führe uns nicht in Versuchung, sondern erlöse uns von dem Bösen.

† 3.Stunde †

PRIESTER: Denn Dein ist das Reich und die Kraft und die Herrlichkeit, des Vaters und des Sohnes und des Heiligen Geistes, jetzt und immerdar und in alle Ewigkeit.

LESER: Amen.

Herr, erbarme Dich. zwölfmal

Ehre sei dem Vater und dem Sohne und dem Heiligen Geiste jetzt und immerdar und in alle Ewigkeit. Amen.

Kommet, lasset uns anbeten Gott, unseren König.

Kommet, lasset uns anbeten und niederfallen vor Christus, Gott, unserem König.

Kommet, lasset uns anbeten und niederfallen vor Christus selbst, unserem König und Gott.

Psalm 16 Höre, o Herr, die gerechte Sache, habe acht auf mein Flehen, nimm auf mein Gebet, es kommt von lauteren Lippen. Von Deinem Angesicht ergehe mein Urteil, Deine Augen schauen das Recht. Wenn Du erforschest mein Herz und suchest es heim in der Nacht und wenn Du mich prüfest im Feuer, Du findest kein Unrecht an mir. Nicht sündigt mein Mund, wie Menschen es tun; das Wort Deiner Lippen, ich hab es gewahrt. An den vorgeschriebenen Pfaden halten fest meine Schritte, an Deinen Spuren, daß meine Füße nicht straucheln. Ich rufe zu Dir, und Du wirst mich erhören, o Gott, neige zu mir Dein Ohr, vernimm meine Worte. Wirke Wunder Deiner Barmherzigkeit, denn Du rettest vor dem Feind, die zu Deiner Rechten sich flüchten. Hüte mich wie den Stern Deines Auges (Augapfel), im Schatten Deiner Flügel beschütze mich vor den Frevlern, die hart mich bedrängen. Wütend umringen mich meine Gegner, sie verschließen ihr fühlloses Herz, Übermut redet ihr Mund. Schon umkreisen sie mich, ihre Augen spähen aus, mich niederzustrecken: Dem Löwen gleich, der lechzet nach Beute, wie der junge Löwe, der im Verborgenem lauert. Steh auf, o Herr, tritt ihm entgegen und wirf ihn zu Boden, mit Deinem Schwert rette vor dem Frevler mein Leben. Deine Hand, Herr, befreie mich von den Menschen, von Menschen, deren Anteil allein dieses Leben ist. Was Du aufgespart, fülle damit ihren Leib. Mögen sie satt sein an Söhnen, mögen, was übrig, ihre Kinder noch erben. Ich aber werde in Gerechtigkeit schauen Dein Angesicht, an deiner Gestalt mich sättigen, wenn ich erwache.

Psalm 24 Zu Dir, Herr, erhebe ich meine Seele, Du mein Gott: auf Dich vertraue ich, laß mich zuschanden nicht werden; nicht sollen über mich triumphieren die Feinde. Denn alle, die Deiner harren, sie werden nimmer zuschanden; zuschanden werden, die leichthin brechen die Treue. Zeige mir Deine Wege, o Herr, und lehre mich in Deiner Wahrheit und lehre mich Deine Pfade. Führe mich in Deiner Wahrheit und lehre mich, denn Du bist mein Gott und Helfer; allzeit harre ich Dein. Gedenke Deines Erbarmens, o Herr, und Deiner Gnade, die waltet von Anbeginn. Meiner Jugend Sünden und meiner Verirrungen denke nicht mehr, Herr, gedenke meiner in Gnade. Gütig ist der Herr und getreu, darum weist er dem Sünder den Weg. Die Willigen führt Er nach Recht, Demütige lehret Er Seine Pfade. Alle Wege des Herrn sind Gnade und Treue für jene, die Seinen Bund und Seine Gebote bewahren. Um Deines Namens willen, Herr, vergib meine Sünde, denn sie ist groß. Wer ist der Mann, der fürchtet den Herrn? Ihm weist Er den Weg, den er wählen soll. Seine Seele darf leben im Glück, und seine Kinder werden besitzen das Land. Des Herrn Geheimnis wird denen zuteil, die Ihn fürchten; Er macht Seinen Bund ihnen offenbar. Immerdar schauen meine Augen zum Herrn; Er ist es, Der meinen Fuß befreit aus der Schlinge. Blicke auf mich und erbarme Dich meiner, denn einsam bin ich und arm. Löse meines Herzens Bedrängnis, aus meinen Nöten errette mich. Schaue mein Elend und meine Plage und vergib mir alle meine Schuld. Sieh an meine Feinde, wie groß ihre Zahl; wie wütend der Haß, mit dem sie mich hassen. Bewahre meine Seele und rette mich; laß zuschanden mich nicht werden, ich flüchte zu Dir. Behüten mögen mich Unschuld und redlicher Sinn; Herr, ich hoffe auf Dich, erlöse, o Gott, Dein Volk aus all seinen Nöten.

Psalm 50 Erbarme Dich meiner, o Gott, nach Deiner großen Güte, nach der Fülle Deines Erbarmens tilge meine Schuld.

† 3. Stunde †

Wasche mich rein von meiner Missetat, reinige mich von meiner Sünde. Denn ich kenne mein Vergehen, und meine Sünde steht mir immerdar vor Augen. Ich habe gesündigt an Dir allein; was böse vor Dir, ich habe es getan. Nun erweisest Du Dich in Deinem Urteil gerecht, und recht behalten hast Du in Deinem Gerichte. Siehe, in Schuld bin ich geboren, und ich war schon in Sünde, als mich die Mutter empfangen. Doch siehe, Du hast Gefallen an der Wahrheit des Herzens; lehre mich Geheimnisse der Weisheit. Besprenge mich mit Ysop, so werde ich rein; wasche mich, und ich werde weißer als der Schnee. Laß mich vernehmen Freude und Wonne, und mein zerschlagen Gebein wird frohlocken. Wende ab von meinen Sünden Dein Angesicht und tilge all meinen Frevel. Ein reines Herz erschaffe mir, Gott, und einen festen Geist erwecke mir neu. Von Deinem Antlitz verstoße mich nicht. Nimm von mir nicht hinweg Deinen heiligen Geist. Deines Heiles Wonne schenke mir wieder, in willigem Geiste mache mich stark. Dann will ich Deine Wege den Irrenden weisen, und Sünder werden sich bekehren zu Dir. Errette mich aus der Blutschuld, o Gott, Du Gott meines Heiles, und meine Zunge wird Deine Gerechtigkeit rühmen. Herr, tue auf meine Lippen, und mein Mund wird verkünden Dein Lob. Denn Schlachtopfer begehrst Du nicht; und gäbe ich Dir Brandopfer, es gefiele Dir nicht. Ein Opfer, das Gott gefällt, ist ein zerbrochener Geist; ein reuevolles und demütiges Herz wirst Du, o Gott, nicht verachten. Tue Sion Gutes nach Deinem Wohlgefallen, baue die Mauern Jerusalems auf. Dann hast Du Gefallen am Opfer der Gerechtigkeit, an Gaben und Brandopfern, dann wird man Opfertiere legen auf Deinen Altar.

Ehre sei dem Vater und dem Sohne und dem Heiligen Geiste jetzt und immerdar und in alle Ewigkeit. Amen.

Alleluja, alleluja, alleluja, Ehre sei Dir, o Gott. *dreimal*

Herr, erbarme Dich. *dreimal*

Ehre sei dem Vater und dem Sohne und dem Heiligen Geiste.

Troparion   Als die ruhmreichen Jünger während der Waschung am Abend des Mahles erleuchtet wurden, ward der arglistige Judas, der an Geldgier krankte, verfinstert ; und er überlieferte Dich, den gerechten Richter, den gesetzlosen Richtern. Siehe den Raffer der Vermögen, der sich deshalb auch erhängte. Fliehe die unersättliche Seele, die solches dem Lehrer angetan hat. O, über alles, gütiger Herr, Ehre sei dir.

Jetzt und immerdar und in alle Ewigkeit. Amen.

Gottesgebärerin, du bist der wahre Weinstock, der uns die Frucht des Lebens gebracht hat. Darum flehen wir zu dir: Bitte für uns, o Gebieterin, mit den heiligen Aposteln, auf daß unsere Seelen Gnade finden.

Der Herr, Gott, sei gepriesen, gepriesen sei der Herr Tag für Tag. Es wird eilen der Gott unseres Heiles, unser Gott, uns zu erretten.

Heiliger Gott, heiliger Starker, heiliger Unsterblicher, erbarme Dich unser. dreimal

Ehre sei dem Vater und dem Sohne und dem Heiligen Geiste jetzt und immerdar und in alle Ewigkeit. Amen.

Allheilige Dreieinigkeit, erbarme Dich unser; reinige uns, o Herr, von unseren Sünden; vergib, o Gebieter, unsere Vergehen; suche heim unsere Schwächen, o Heiliger, und heile sie um Deines Namens willen.

Herr, erbarme Dich. dreimal

Ehre sei dem Vater und dem Sohne und dem Heiligen Geiste jetzt und immerdar und in alle Ewigkeit. Amen.

Vater unser, der Du bist in den Himmeln; geheiligt werde Dein Name; Dein Reich komme; Dein Wille geschehe wie im Himmel so auch auf Erden. Unser tägliches Brot gib uns heute; und vergib uns unsere Schuld, wie auch wir vergeben unseren Schuldigern; und führe uns nicht in Versuchung, sondern erlöse uns von dem Bösen.

PRIESTER: Denn Dein ist das Reich und die Kraft und die Herrlichkeit, des Vaters und des Sohnes und des Heiligen Geistes, jetzt und immerdar und in alle Ewigkeit.

LESER: Amen.

Kondakion

Nachdem der Verräter das Brot in seine Hände empfangen hat, streckt er sie heimlich aus und empfängt den Kaufpreis für den Schöpfer, Der mit Seinen Händen den Menschen erschuf. Und Judas blieb unverbesserlich, ein Knecht und arglistig.

Herr, erbarme Dich. vierzigmal

O Du zu aller Zeit und zu jeder Stunde im Himmel und auf Erden angebeteter und hochgepriesener Christus, Gott! Du Langmütiger, Du Barmherziger, Du Huldvoller, der Du die Gerechten liebst und der Sünder Dich erbarmst, der Du alle zum Heile berufest durch die Verkündigung der zukünftigen Güter: Du Selbst, o Herr, nimm auch unsere Bitten entgegen, die wir in dieser Stunde an Dich richten, und richte unser Leben ein nach Deinen Geboten; heilige unsere Seelen, reinige unsere Leiber, mache zurecht unsere Gedanken, mache rein unser Sinnen und errette uns von aller Trübsal, Leid und Not. Umgib uns mit Deinen heiligen Engeln, auf daß wir, durch ihre Schar bewacht und geführt, zu der Einigung im Glauben und zur Erkenntnis Deiner unnahbaren Herrlichkeit gelangen; denn Du bist hochgelobt in alle Ewigkeit. Amen.

Herr, erbarme Dich. dreimal

Ehre sei dem Vater und dem Sohne und dem Heiligen Geiste jetzt und immerdar und in alle Ewigkeit. Amen.

Die du geehrter bist als die Cherubim und unvergleichlich herrlicher als die Seraphim, die du Gott, das Wort, unversehrt geboren hast, in Wahrheit Gottesgebärerin, dich preisen wir hoch!

Im Namen des Herrn gib, Vater, den Segen.

PRIESTER: Um der Gebete unserer heiligen Väter willen, Herr Jesus Christus, unser Gott, erbarme Dich unser.

LESER: Amen.

Gebieter, Gott, Vater, Allmächtiger; Herr, eingeborener Sohn Jesus Christus; und Heiliger Geist: Eine Gottheit, eine Macht, erbarme Dich meiner, des Sünders, und nach Deinem Dir bekannten Ratschluß errette mich, Deinen unwürdigen Knecht; denn gepriesen bist Du in alle Ewigkeit. Amen.

6. STUNDE

LESER:

Kommet, lasset uns anbeten Gott, unseren König.

Kommet, lasset uns anbeten und niederfallen vor Christus, Gott, unserem König.

Kommet, lasset uns anbeten und niederfallen vor Christus selbst, unserem König und Gott.

Psalm 53 Hilf mir, Gott, durch Deinen Namen und schaffe mir Recht in Deiner Kraft. Höre, o Gott, mein Gebet, lausche dem Worte meines Mundes. Denn wider mich erhoben sich Stolze, Männer der Gewalt, sie trachten mir nach dem Leben, nicht haben sie Gott vor Augen. Doch siehe, Gott ist mein Helfer, meines Lebens erhaltende Kraft ist der Herr. Wende zurück das Unheil auf meine Gegner, in Deiner Treue, Herr, mache sie zunichte. Dann will ich Opfer Dir bringen in Freude, preisen will ich Deinen Namen, denn er ist gut. Er hat mich entrissen all meiner Trübsal, und mein Auge hat die Feinde geschaut in Verwirrung.

Psalm 54 Vernimm, o Gott, mein Flehen, verschmähe nicht mein Gebet; neige Dich mir und erhöre mich. Ich bin getrieben von meiner Angst, verwirrt vom Lärmen des Feindes und von des Sünders Geschrei. Denn sie bringen über mich Unheil, sie feinden wütend mich an. Das Herz in meinem Innern ist mir verstört, Todesschrecken fällt über mich. Es überkommt mich

Fürchten und Zagen, und Schauer erfaßt mich. Ich sage: Hätte ich doch die Flügel der Taube, ich flöge auf und käme zur Ruh. Ja, entfliehen wollte ich weit von hier, in der Einöde wollte ich wohnen. Eilig suchte ich mir eine Zuflucht, gefeit vor Wetter und Wind, vor dem reißenden Sturm, o Herr, und vor dem Fluß ihrer Zunge; schaue ich doch Zwietracht nur und Gewalt in der Stadt. Tag und Nacht umkreisen sie die Stadt auf den Mauern, und drinnen hausen Bedrückung und Frevel. In ihrer Mitte wohnt Falschheit, nimmermehr hörten auf in den Straßen Bestechung und Trug. Hätte mich geschmäht der Feind, ich hätte es wohl ertragen; hätte sich wider mich erhoben mein Hasser, ich hätte mich verborgen vor ihm. Du aber warst es, mein Mitgenosse, Du, mein Freund, mein Vertrauter. Einer, mit dem ich pflegte holde Gemeinschaft im Hause Gottes. Sie sollen dahingehen in Unrast; es komme der Tod über sie. Lebendig sollen sie fahren zum Abgrund; denn wo sie weilen, in ihrer Mitte ist Bosheit. Ich aber rufe zu Gott, und der Herr wird mich erretten. Ich will vor Ihm klagen und seufzen am Abend, am Morgen, am Mittag, und hören wird Er auf meine Stimme. In den Frieden rettet Er meine Seele vor denen, die mich befehden; denn viele sind wider mich. Gott wird mich hören, und Er zwingt sie darnieder, Er, der herrschet von Ewigkeit; denn sie wandeln sich nicht, und nimmer kennen sie Gottesfurcht. Erhebt doch ein jeder gegen seine Vertrauten die Hand, treulos dem gegebenen Wort. Glatt wie Butter ist seine Miene, im Herzen aber sinnet er Krieg. Seine Reden sind linder als Öl, doch in Wahrheit sind es erhobene Schwerter. Wirf auf den Herrn deine Sorge, Er wird dich erhalten; den Gerechten läßt Er nicht wanken in Ewigkeit. Du aber, Gott, stürze sie alle hinab in die tiefste Grube. Männer, die Bluttat verüben und Trug, nicht die Hälfte ihrer Tage werden sie sehen; aber ich vertraue auf Dich.

Psalm 90 Wer unter dem Schirm des Höchsten wohnt, wer im Schatten des Allmächtigen ruht, der darf sprechen zum Herrn: "Meine Zuflucht, meine Feste, mein Gott, auf Den ich vertraue!"

Denn Er errettet dich aus der Schlinge des Jägers, vor Tod und Verderben. Mit Seinem Fittich bedeckt Er dich, und unter Seinen Flügeln findest du Zuflucht. Du brauchst dich nicht zu fürchten vor dem Schrecken der Nacht noch vor dem Pfeil, der am Tage fliegt, nicht vor der Pest, die im Finstern einhergeht, noch vor der Seuche, die am Mittag verwüstet. Ob tausend fallen an deiner Seite, zehntausend zu deiner Rechten, dich trifft es nicht; Schild und Schutz ist Seine Treue. Ja, mit eigenen Augen darfst du es schauen, darfst sehen, wie den Gottlosen vergolten wird. Denn deine Zuversicht ist der Herr, den Höchsten hast du zu deiner Zuflucht gemacht. Es wird dir kein Unheil begegnen, keine Plage zu deinem Zelte sich nahen. Denn Seine Engel wird Er für dich entbieten, dich zu behüten auf all deinen Wegen. Sie werden dich auf den Händen tragen, daß dein Fuß nicht an einen Stein stoße. Über Löwen und Schlangen wirst du schreiten, wirst zertreten Löwen und giftige Schlangen. "Weil er an Mir hängt, will Ich ihn retten, will ihn schützen, denn er kennt Meinen Namen. Er ruft Mich an, und Ich erhöre ihn; Ich bin bei ihm in der Not, reiße ihn heraus und bringe ihn zu Ehren. Ich sättige ihn mit langem Leben und lasse ihn schauen mein Heil."

Ehre sei dem Vater und dem Sohne und dem Heiligen Geiste jetzt und immerdar und in alle Ewigkeit. Amen.

Alleluja, alleluja, alleluja, Ehre sei Dir, o Gott. *dreimal*

Herr, erbarme Dich. *dreimal*

Ehre sei dem Vater und dem Sohne und dem Heiligen Geiste.

Troparion

Als die ruhmreichen Jünger während der Waschung am Abend des Mahles erleuchtet wurden, ward der arglistige Judas, der an Geldgier krankte, verfinstert; und er überlieferte Dich, den gerechten Richter, den gesetzlosen Richtern. Siehe den Raffer der Vermögen, der sich deshalb auch erhängte: fliehe die unersättliche Seele, die solches dem Lehrer angetan hat. O über alles, gütiger Herr, Ehre sei dir.

Jetzt und immerdar und in alle Ewigkeit. Amen.

Da wir zagen wegen unserer allzu vielen Sünden, so bitte zu Dem, Der aus Dir geboren ist, Gottesgebärerin, Jungfrau, denn viel vermag das mütterliche Flehen bei der Herzensgüte des Gebieters. Verachte nicht die Bitten der Sünder, du Allreine, denn barmherzig ist Er und kann erretten, Der auch für uns zu leiden geruht hat.

Dein Erbarmen möge uns eilends zuvorkommen, denn wir sind gar schwach geworden. Hilf uns, o Gott, unser Erlöser, um der Herrlichkeit Deines Namens willen, o Herr, erlöse uns und vergib uns unsere Sünden um Deines Namens willen.

Heiliger Gott, heiliger Starker, heiliger Unsterblicher, erbarme Dich unser. dreimal

Ehre sei dem Vater und dem Sohne und dem Heiligen Geiste jetzt und immerdar und in alle Ewigkeit. Amen.

Allheilige Dreieinigkeit, erbarme Dich unser; reinige uns, o Herr, von unseren Sünden; vergib, o Gebieter, unsere Vergehen; suche heim unsere Schwächen, o Heiliger, und heile sie um Deines Namens willen.

Herr, erbarme Dich. dreimal

Ehre sei dem Vater und dem Sohne und dem Heiligen Geiste jetzt und immerdar und in alle Ewigkeit. Amen.

Vater unser, der Du bist in den Himmeln; geheiligt werde Dein Name; Dein Reich komme; Dein Wille geschehe wie im Himmel so auch auf Erden. Unser tägliches Brot gib uns heute; und vergib uns unsere Schuld, wie auch wir vergeben unseren Schuldigern; und führe uns nicht in Versuchung, sondern erlöse uns von dem Bösen.

PRIESTER: Denn Dein ist das Reich und die Kraft und die Herrlichkeit, des Vaters und des Sohnes und des Heiligen Geistes, jetzt und immerdar und in alle Ewigkeit.

LESER: Amen.

Kondakion

Nachdem der Verräter das Brot in seine Hände empfangen hat, streckt er sie heimlich aus und empfängt den Kaufpreis für den Schöpfer, Der mit Seinen Händen den Menschen erschuf. Und Judas blieb unverbesserlich, ein Knecht und arglistig.

Herr, erbarme Dich. *vierzigmal*

O Du zu aller Zeit und zu jeder Stunde im Himmel und auf Erden angebeteter und hochgepriesener Christus, Gott! Du Langmütiger, Du Barmherziger, Du Huldvoller, der Du die Gerechten liebst und der Sünder Dich erbarmst, der Du alle zum Heile berufest durch die Verkündigung der zukünftigen Güter: Du Selbst, o Herr, nimm auch unsere Bitten entgegen, die wir in dieser Stunde an Dich richten, und richte unser Leben ein nach Deinen Geboten; heilige unsere Seelen, reinige unsere Leiber, mache zurecht unsere Gedanken, mache rein unser Sinnen und errette uns von aller Trübsal, Leid und Not. Umgib uns mit Deinen heiligen Engeln, auf daß wir, durch ihre Schar bewacht und geführt, zu der Einigung im Glauben und zur Erkenntnis Deiner unnahbaren Herrlichkeit gelangen; denn Du bist hochgelobt in alle Ewigkeit. Amen.

Herr, erbarme Dich. *dreimal*

Ehre sei dem Vater und dem Sohne und dem Heiligen Geiste jetzt und immerdar und in alle Ewigkeit. Amen.

Die du geehrter bist als die Cherubim und unvergleichlich herrlicher als die Seraphim, die du Gott, das Wort, unversehrt geboren hast, in Wahrheit Gottesgebärerin, dich preisen wir hoch!

Im Namen des Herrn gib, Vater, den Segen.

PRIESTER: Um der Gebete unserer heiligen Väter willen, Herr Jesus Christus, unser Gott, erbarme Dich unser.

LESER: Amen.

Gott und Herr der Kräfte, Erbauer aller Schöpfung, der Du durch die Barmherzigkeit Deiner beispiellosen Gnade Deinen einziggeborenen Sohn, unseren Herrn Jesus Christus, um des Heiles unseres Geschlechtes willen herabgesandt und um Seines kostbaren Kreuzes willen den Schuldschein unserer Sünden zerrissen und dadurch die Fürsten und die Gewalten der Finsternis gefesselt im Triumphe geführt hast; Du selbst, huldvoller Gebieter, nimm auch von uns Sündern diese Dank- und Bittgebete an und errette uns von jeder verderblichen und finsteren Versündigung und von allen sichtbaren und unsichtbaren Feinden, die uns zu schaden trachten. Festige unser Fleisch in Deiner Furcht, und lasse nicht zu, daß unsere Herzen zu Worten oder Gedanken der Bosheit sich neigen! Laß Deine Liebe eindringen in unsere Seelen, auf daß wir allezeit zu Dir aufblicken und durch Dein Licht geleitet, Dich, das unzugängliche und ewige Licht, anschauend, Dir unaufhörliche Bekenntnisse und Danksagungen emporsenden, Dir, dem anfanglosen Vater, samt Deinem einziggeborenen Sohne und Deinem allheiligen und guten und lebendigmachenden Geiste, jetzt und immerdar und in alle Ewigkeit.

Amen.

9. Stunde

LESER:

Kommet, lasset uns anbeten Gott, unseren König.

Kommet, lasset uns anbeten und niederfallen vor Christus, Gott, unserem König.

Kommet, lasset uns anbeten und niederfallen vor Christus selbst, unserem König und Gott.

Psalm 83 Wie freundlich ist Deine Wohnstatt, Herr der Heerscharen! Meine Seele vergeht in Sehnsucht nach den Vorhöfen des Herrn! Mein Geist und mein Leib, sie jubeln dem lebendigen Gott. Selbst der Sperling hat gefunden ein Heim und die Schwalbe ein Nest, darin ihre Jungen zu bergen: Deine Altäre, Herr der Heerscharen, Du, mein Gott und mein König! Selig, die wohnen in Deinem Hause, sie werden Dich immerdar preisen. Selig die Menschen, deren Kraft in Dir gründet, deren Herz bei der Wallfahrt ist. Und pilgern sie hin durch das Tal der Tränen (Baka-Tal), es wird zum Tale der Quellen. Frühregen kleidet es in die Fülle des Segens. Von Höhe zu Höhe ziehn sie hinauf, es erscheint ihnen Gott auf dem Sion. Höre mein Beten, Herr der Heerscharen! Jakobs Gott, leihe gnädig Dein Ohr. Du, unser Schild, o Gott, schau hernieder! Siehe das Antlitz Deines Gesalbten! Besser in Deinen Hallen ein einziger Tag als tausend Tage ferne von Dir. Lieber stehn an der Schwelle vor dem Haus meines Gottes als wohnen in den Zelten der Sünder. Denn Gott ist Sonne und Schild; Herrlichkeit verleiht Er und Gnade. Kein Gut wird Er denen versagen, die da wandeln in Unschuld. Herr der Heerscharen, selig, wer vertrauet auf Dich.

Psalm 84 Gnade hast Du gewährt, Herr, Deinem Lande, Jakobs Los gewendet zum Guten. Deinem Volke hast Du erlassen die Schuld, hast zugedeckt alle seine Missetat. Du hast besänftigt all deinen Grimm, aufgegeben die Glut Deines Zornes. Schaffe uns wieder neu, o Gott, unser Retter, tu ab den Unmut, den Du trägst wider uns. Willst Du uns grollen auf ewig? Soll währen Dein Zorn durch alle Geschlechter? Wirst Du uns nimmer Leben verleihen? Wird Dein Volk sich nimmer freuen in Dir? Zeige uns Dein Erbarmen, o Herr, gewähre uns gnädig Dein Heil. Hören will ich, was kündet der Herr, unser Gott: wahrhaftig, Er kündet den Frieden: Frieden Seinem Volke und all Seinen Frommen, allen, die von Herzen zu Ihm sich bekehren. Ja, allen, die Ihn fürchten, ist nahe Sein Heil, und Herrlichkeit wird wohnen in unserem Lande. Begegnen werden sich Erbarmen und Treue, Gerechtigkeit und Friede werden sich küssen. Aus der Erde sprießet die Treue, Gerechtigkeit blickt hernieder vom Himmel. Ja, der Herr verleiht Seinen Segen, und unsere Erde gibt ihre Frucht. Gerechtigkeit geht vor Ihm her, und Frieden auf der Wegspur Seiner Schritte.

Psalm 85 Neige, Herr, Dein Ohr und erhöre mich, denn ich bin elend und arm. Bewahre meine Seele, Dir bin ich zu eigen; hilf Deinem Knecht, der hoffet auf Dich. Mein Gott bist Du; o Herr, sei mir gnädig; ich rufe zu Dir ohne Unterlaß. Erfreue Deines Knechtes Gemüt; zu Dir, o Herr, erhebe ich meine Seele. Denn Du, o Herr, bist gütig und milde; für alle, die Dich rufen, lauter Erbarmen. Vernimm, Herr, mein Gebet, merk auf meine flehende Stimme! Ich rufe zu Dir am Tag der Bedrängnis; ich weiß, Du wirst mich erhören. Keiner ist wie Du, o Herr, keiner der Götter, nichts gleicht Deinen Taten, die Du getan. Alle Völker kommen und beten Dich an und preisen, o Herr, Deinen Namen. Denn groß bist Du und mächtig der Wunder, Du allein nur bist Gott. Weise mir Deinen Weg, Herr, daß ich wandle in Deiner Wahrheit; lenke mein Herz, Deinen Namen zu fürchten. Herr, mein Gott, von ganzem Herzen will ich Dich preisen, Deinen Namen will ich rühmen in Ewigkeit. Denn groß war gegen mich Dein Erbarmen, meine Seele hast Du entrissen dem Abgrund des Todes. O Gott, es erheben sich wider mich Stolze, die Rotte der Mächtigen trachtet mir nach dem Leben, und keiner hat Dich vor Augen. Du aber, Herr, bist ein Gott, der barmherzig und gnädig ist; zögernd im Zorn und reich an Güte und Treue. Blicke auf mich und schenke mir Dein Erbarmen; gib mir Kraft, Deinem Knechte, hilf dem Sohn Deiner Magd. Ein Zeichen Deiner Gnade erweise an mir; und die mich hassen, sie sollen es sehen in Scham! Denn Du, Herr, Du hast mir geholfen und hast mich getröstet.

Ein Zeichen Deiner Gnade erweise an mir; und die mich hassen, sie sollen es sehen in Scham! Denn Du, Herr, Du hast mir geholfen und hast mich getröstet.

Ehre sei dem Vater und dem Sohne und dem Heiligen Geiste jetzt und immerdar und in alle Ewigkeit. Amen.

Alleluja, alleluja, alleluja, Ehre sei Dir, o Gott. dreimal

Herr, erbarme Dich. dreimal

Ehre sei dem Vater und dem Sohne und dem Heiligen Geiste.

Troparion Als die ruhmreichen Jünger während der Waschung am Abend des Mahles erleuchtet wurden, ward der arglistige Judas, der an Geldgier krankte, verfinstert; und er überlieferte Dich, den gerechten Richter, den gesetzlosen Richtern. Siehe den Raffer der Vermögen, der sich deshalb auch erhängte. Fliehe, die unersättliche Seele, die solches dem Lehrer angetan hat. O, über alles, gütiger Herr, Ehre sei dir.

Jetzt und immerdar und in alle Ewigkeit. Amen.

Der Du um unseretwillen geboren bist von der Jungfrau und die Kreuzigung erlitten hast, o Gütiger, der Du durch den Tod den Tod zerstört und Dich in der Auferstehung erzeigt hast als Gott; verachte nicht, was Du geschaffen hast mit Deiner Hand, erzeige Deine Menschenliebe, o Barmherziger; nimm an die Gottesgebärerin, die Dich geboren hat und für uns bittet, und errette, o Erlöser, das verzweifelte Volk.

Überliefere uns nicht bis ans Ende um Deines Namens willen und löse Deinen Bund nicht auf und nimm Dein Erbarmen nicht von uns um Abrahams, des von Dir geliebten, und Isaaks, Deines Knechtes, und Israels, Deines Heiligen willen.

Heiliger Gott, heiliger Starker, heiliger Unsterblicher, erbarme Dich unser. *dreimal*

Ehre sei dem Vater und dem Sohne und dem Heiligen Geiste jetzt und immerdar und in alle Ewigkeit. Amen.

Allheilige Dreieinigkeit, erbarme Dich unser; reinige uns, o Herr, von unseren Sünden; vergib, o Gebieter, unsere Vergehen; suche heim unsere Schwächen, o Heiliger, und heile sie um Deines Namens willen.

Herr, erbarme Dich. *dreimal*

Ehre sei dem Vater und dem Sohne und dem Heiligen Geiste jetzt und immerdar und in alle Ewigkeit. Amen.

Vater unser, der Du bist in den Himmeln; geheiligt werde Dein Name; Dein Reich komme; Dein Wille geschehe wie im Himmel so auch auf Erden. Unser tägliches Brot gib uns heute; und vergib uns unsere Schuld, wie auch wir vergeben unseren Schuldigern; und führe uns nicht in Versuchung, sondern erlöse uns von dem Bösen.

PRIESTER: Denn Dein ist das Reich und die Kraft und die Herrlichkeit, des Vaters und des Sohnes und des Heiligen Geistes, jetzt und immerdar und in alle Ewigkeit.

LESER: Amen.

Kondakion Nachdem der Verräter das Brot in seine Hände empfangen hat, streckt er sie heimlich aus und empfängt den Kaufpreis für den Schöpfer, Der mit Seinen Händen den Menschen erschuf. Und Judas blieb unverbesserlich, ein Knecht und arglistig.

Herr, erbarme Dich. *vierzigmal*

O Du zu aller Zeit und zu jeder Stunde im Himmel und auf Erden angebeteter und hochgepriesener Christus, Gott! Du Langmütiger, Du Barmherziger, Du Huldvoller, der Du die Gerechten liebst und der Sünder Dich erbarmst, der Du alle zum Heile berufest durch die Verkündigung der zukünftigen Güter:

Du Selbst, o Herr, nimm auch unsere Bitten entgegen, die wir in dieser Stunde an Dich richten, und richte unser Leben ein nach Deinen Geboten; heilige unsere Seelen, reinige unsere Leiber, mache zurecht unsere Gedanken, mache rein unser Sinnen und errette uns von aller Trübsal, Leid und Not. Umgib uns mit Deinen heiligen Engeln, auf daß wir, durch ihre Schar bewacht und geführt, zu der Einigung im Glauben und zur Erkenntnis Deiner unnahbaren Herrlichkeit gelangen; denn Du bist hochgelobt in alle Ewigkeit. Amen.

Herr, erbarme Dich. *dreimal*

Ehre sei dem Vater und dem Sohne und dem Heiligen Geiste jetzt und immerdar und in alle Ewigkeit. Amen.

Die du geehrter bist als die Cherubim und unvergleichlich herrlicher als die Seraphim, die du Gott, das Wort, unversehrt geboren hast, in Wahrheit Gottesgebärerin, dich preisen wir hoch!

Im Namen des Herrn gib, Vater, den Segen.

PRIESTER: O Gott, sei barmherzig mit uns, segne uns, laß leuchten Dein Angesicht über uns und erbarme Dich unser.

LESER: Amen.

Gebieter, Herr Jesus Christus, unser Gott, der Du langmütig bist gegen unsere Vergehen und uns bis zur gegenwärtigen Stunde geführt hast, in der Du an das lebendigmachende Holz gehängt wurdest, dem guten Schächer aber den Eintritt ins Paradies bereitet und den Tod zerstört hast, erbarme Dich Deiner sündigen und unwürdigen Knechte. Denn wir haben gesündigt und gegen das Gesetz gehandelt; wir sind nicht würdig, unsere Augen zu erheben und aufzuschauen in den Himmel, weil wir den Weg Deiner Gerechtigkeit verlassen haben und gewandelt sind nach dem Willen unserer Herzen. Wir flehen aber zu Deiner unermeßlichen Güte: Schone uns, Herr, nach der Fülle Deines Erbarmens und rette uns um Deines heiligen Namens willen, weil unsere Tage in Eitelkeit vergangen sind. Entreiße uns der Hand des Widersachers und vergib uns unsere Sünden und ertöte unsere fleischliche Gesinnung, auf daß wir den alten Menschen ablegen, den neuen Menschen anziehen und Dir, unserem Gebieter und Wohltäter, leben und so Deinen Geboten nachfolgen, die ewige Ruhe erlangen, darin die Seligen wohnen. Denn Du bist die wahre Freude und das Frohlocken derer, die Dich lieben, Christus, unser Gott, und Dir senden wir Verherrlichung empor sowie Deinem anfanglosen Vater und Deinem allheiligen und guten und lebendigmachenden Geiste, jetzt und immerdar und in alle Ewigkeit. Amen

TYPIKA

LESER:

In Deinem Reiche gedenke unser, o Herr., wenn Du in Dein Reich kommst.

Selig die Armen im Geiste, denn ihrer ist das Himmelreich. Gedenke unser, o Herr, wenn Du in Dein Reich kommst.

Selig die Trauernden, denn sie werden getröstet werden. Gedenke unser, o Herr, ...

Selig die Sanftmütigen, denn sie werden das Land besitzen. Gedenke unser, o Herr, ...

Selig, die hungern und dürsten nach der Gerechtigkeit, denn sie werden gesättigt werden. Gedenke unser, o Herr, ...

Selig die Barmherzigen, denn sie werden Barmherzigkeit erlangen. Gedenke unser, o Herr, ...

Selig, die reinen Herzens sind, denn sie werden Gott schauen. Gedenke unser, o Herr, ...

Selig die Friedensstifter, denn sie werden Söhne Gottes heißen. Gedenke unser, o Herr, ...

Selig, die verfolgt werden um der Gerechtigkeut willen, denn ihrer ist das Himmelreich. Gedenke unser, o Herr, ...

† Heiliger und Hoher Donnerstag †

Selig seid ihr, wenn sie euch schmähen und verfolgen und euch Böses lügnerisch nachsagen um Meinetwillen. Gedenke unser, o Herr, ...

Freuet euch und frohlocket, denn euer Lohn ist groß im Himmel. Gedenke unser, o Herr, ...

Ehre sei dem Vater und dem Sohne und dem Heiligen Geiste. Gedenke unser, o Herr, ...

Jetzt und immerdar und in alle Ewigkeit. Amen. Gedenke unser, o Herr,...

Gedenke unser, o Herr, wenn Du in Dein Reich kommst.

Gedenke unser, o Gebieter, wenn Du in Dein Reich kommst.

Gedenke unser, o Heiliger, wenn Du in Dein Reich kommst.

Der himmlische Chor singt Dir und ruft: Heilig, heilig, heilig ist der Herr Zebaoth. Erfüllt sind Himmel und Erde von Deiner Herrlichkeit.

Vers: Tretet heran und lasset euch erleuchten, und euer Angesicht wird nicht zuschanden.

Der himmlische Chor singt Dir und ruft: Heilig, heilig, heilig ist der Herr Zebaoth. Erfüllt sind Himmel und Erde von Deiner Herrlichkeit.

Ehre sei dem Vater und dem Sohne und dem Heiligen Geiste.

Der Chor der heiligen Engel und der Erzengel, mit allen himmlischen Mächten, singt Dir und ruft: Heilig, heilig, heilig ist der Herr Zebaoth. Erfüllt sind Himmel und Erde von Deiner Herrlichkeit.

Jetzt und immerdar und in alle Ewigkeit. Amen.

Laß nach, vergib, verzeihe, o Gott, unsere willentlichen und unwillentlichen Versündigungen, die wir in Wort und Tat, wissentlich oder unwissentlich, am Tage oder in der Nacht, im

Verstand oder Gedanken begangen haben, und verzeihe uns alles, denn Du bist gut und menschenliebend.

Vater unser, der Du bist in den Himmeln; geheiligt werde Dein Name; Dein Reich komme; Dein Wille geschehe wie im Himmel so auch auf Erden. Unser tägliches Brot gib uns heute; und vergib uns unsere Schuld, wie auch wir vergeben unseren Schuldigern; und führe uns nicht in Versuchung, sondern erlöse uns von dem Bösen.

PRIESTER: Denn Dein ist das Reich und die Kraft und die Herrlichkeit, des Vaters und des Sohnes und des Heiligen Geistes, jetzt und immerdar und in alle Ewigkeit.

LESER: Amen.

Kondakion

Nachdem der Verräter das Brot in seine Hände empfangen hat, streckt er sie heimlich aus und empfängt den Kaufpreis für den Schöpfer, Der mit Seinen Händen den Menschen erschuf. Und Judas blieb unverbesserlich, ein Knecht und arglistig.

Herr, erbarme Dich. *vierzigmal*

Ehre sei dem Vater und dem Sohne und dem Heiligen Geiste jetzt und immerdar und in alle Ewigkeit. Amen.

Die du geehrter bist als die Cherubim und unvergleichlich herrlicher als die Seraphim, die du Gott, das Wort, unversehrt geboren hast, in Wahrheit Gottesgebärerin, dich preisen wir hoch!

Im Namen des Herrn, gib, Vater, den Segen.

PRIESTER: O Gott, sei barmherzig mit uns, segne uns, laß leuchten Dein Angesicht über uns und erbarme Dich unser.

LESER: Amen.

O allheilige Dreieinigkeit, einwesentliche Macht, ungeteiltes Reich, Ursprung alles Guten: sei gnädig auch mir, dem Sünder; befestige und unterweise mein Herz und nimm alle

Befleckung von mir. Erleuchte meinen Verstand, damit ich Dich verherrliche, Dich besinge und Dich anbete und spreche: Einer ist heilig, Einer ist der Herr Jesus Christus, zur Ehre Gottes, des Vaters. Amen.

PRIESTER: Weisheit.

CHOR: Es ist wahrhaft würdig und recht, dich selig zu preisen, Gottesgebärerin, allzeit selige und ganz unbefleckte Mutter unseres Herrn.

PRIESTER: Allheilige Gottesgebärerin, erlöse uns.

CHOR: Die du geehrter bist als die Cherubim und unvergleichlich herrlicher als die Seraphim, die du jungfräulich Gott, das Wort, geboren hast, in Wahrheit Gottesgebärerin, dich preisen wir hoch.

PRIESTER: Ehre sei Dir, Christus, Gott, unsere Hoffnung, Ehre sei Dir.

CHOR: Ehre sei dem Vater und dem Sohne und dem Heiligen Geiste jetzt und immerdar und in alle Ewigkeit. Amen.

Herr, erbarme Dich. dreimal

Gib den Segen.

PRIESTER:

Der wegen Seiner alles übersteigenden Güte den schönen Weg der Demut gezeigt hat, indem Er die Füße der Jünger gewaschen hat und sogar bis zum Kreuz und zum Begräbnis zu uns herabgestiegen ist, Christus unser wahrer Gott, möge auf die Gebete Seiner allreinen Mutter, der seligen und Gott-tragenden Väter und aller Heiligen sich unser erbarmen, denn Er ist gütig und menschenliebend.

CHOR: Amen.

Lesung aus dem ersten Johannesbrief (1.8-2.6)

Brüder und Schwestern, wenn wir sagen, dass wir keine Sünde haben, führen wir uns selbst in die Irre, und die Wahrheit ist nicht in uns. Wenn wir unsere Sünden bekennen, ist er treu und gerecht; er vergibt uns die Sünden und reinigt uns von allem Unrecht. Wenn wir sagen, dass wir nicht gesündigt haben, machen wir ihn zum Lügner, und sein Wort ist nicht in uns. Meine Kinder, ich schreibe euch dies, damit ihr nicht sündigt. Wenn aber einer sündigt, haben wir einen Beistand beim Vater: Jesus Christus, den Gerechten. Er ist die Sühne für unsere Sünden, aber nicht nur für unsere Sünden, sondern auch für die der ganzen Welt. Wenn wir seine Gebote halten, erkennen wir, dass wir ihn erkannt haben. Wer sagt: Ich habe ihn erkannt, aber seine Gebote nicht hält, ist ein Lügner, und die Wahrheit ist nicht in ihm. Wer sich aber an sein Wort hält, in dem ist die Gottesliebe wahrhaft vollendet. Wir erkennen daran, dass wir in ihm sind. Wer sagt, dass er in ihm bleibt, muss auch leben, wie er gelebt hat.

† †

VESPER

LITURGIE DES HL. BASILIOS DES GROSSEN

DIAKON: Segne, Gebieter.

PRIESTER: Gesegnet sei das Reich des Vaters und des Sohnes und des Heiligen Geistes jetzt und immerdar und in alle Ewigkeit.

CHOR: Amen.

LESER:

Ehre sei Dir, unser Gott, Ehre sei Dir.

Himmlischer König, Tröster, Du Geist der Wahrheit, allgegenwärtig und alles erfüllend, Hort der Güter und Lebenspender, komm, wohne in uns, reinige uns von jedem Makel und rette, Gütiger, unsere Seelen.

Heiliger Gott, heiliger Starker, heiliger Unsterblicher, erbarme Dich unser. *dreimal*

Ehre sei dem Vater und dem Sohne und dem Heiligen Geiste jetzt und immerdar und in alle Ewigkeit. Amen.

Allheilige Dreieinigkeit, erbarme Dich unser; reinige uns, o Herr, von unseren Sünden; vergib, o Gebieter, unsere Vergehen; suche heim unsere Schwächen, o Heiliger, und heile sie um Deines Namens willen.

Herr, erbarme Dich. *dreimal*

Ehre sei dem Vater und dem Sohne und dem Heiligen Geiste jetzt und immerdar und in alle Ewigkeit. Amen.

Vater unser, der Du bist in den Himmeln; geheiligt werde Dein Name; Dein Reich komme; Dein Wille geschehe wie im Himmel so auch auf Erden. Unser tägliches Brot gib uns heute; und vergib uns unsere Schuld, wie auch wir vergeben unseren Schuldigern; und führe uns nicht in Versuchung, sondern erlöse uns von dem Bösen.

PRIESTER: Denn Dein ist das Reich und die Kraft und die Herrlichkeit, des Vaters und des Sohnes und des Heiligen Geistes, jetzt und immerdar und in alle Ewigkeit.

LESER: Amen.

Herr, erbarme Dich. zwölfmal

Ehre sei dem Vater und dem Sohne und dem Heiligen Geiste jetzt und immerdar und in alle Ewigkeit. Amen.

Kommet, lasset uns anbeten Gott, unseren König.

Kommet, lasset uns anbeten und niederfallen vor Christus, Gott, unserem König.

Kommet, lasset uns anbeten und niederfallen vor Christus selbst, unserem König und Gott.

Psalm 103 Preise, meine Seele den Herrn, Herr, mein Gott, wie bist Du überaus groß! Gekleidet bist Du in Hoheit und Würde, wie ein Mantel umhüllt Dich das Licht. Den Himmel hast Du ausgespannt wie ein Zelt, Deine Wohnung errichtet über den Wassern. Die Wolken machest Du Dir zum Wagen, auf Sturmesfittichen fährst Du dahin. Zu Deinen Boten bestellst Du die Winde, zu Deinen Dienern das zündende Feuer. Fest gegründet auf Pfeiler hast Du die Erde, in allen Zeiten wird sie nicht wanken. Du hast sie umhüllt mit dem Kleid der Fluten, über den Bergen standen die Wasser. Sie wichen zurück vor Deinem drohenden Wort, erbebten vor Deiner donnernden Stimme. Sie stiegen die Berge hinauf, sie fielen hinab in die Täler: an die Stätte, die Du ihnen geschaffen. Eine Grenze hast Du ihnen gezogen, nimmer dürfen sie die überschreiten, nimmer überfluten die Erde. Du bist es, Der die Quellen ergießt in die Bäche, durch die Berge rauschen sie hin.

Zu trinken geben sie allen Tieren des Feldes, durstige Wildesel schöpfen Hoffnung aus ihnen. Es wohnen an ihren Ufern die Vögel des Himmels, aus den Zweigen tönt ihre Stimme. Du tränkest aus Deinen Kammern die Berge, von der Frucht Deines

Himmels wird gesättigt das Land. Gras läßt Du sprossen dem Vieh, Gewächse, daß sie dem Menschen dienen. Daß er gewinne aus dem Boden das Brot und Wein, der das Herz ihm erfreut; daß er salbe sein Antlitz mit Öl, daß erstarke des Menschen Herz durch das Brot.

Auch die Bäume des Herrn, sie trinken sich satt, die Zedern des Libanon, die Er gepflanzet. Dort bauen ihre Nester die Vögel, in ihrem Wipfel horsten die Störche. Dem Steinbock gehören die Höhen der Berge, der Klippdachs ist geborgen im Felsgeklüft.

Du bist es, der geschaffen den Mond, daß er messe die Zeiten, die Sonne weiß ihren Untergang. Du bringst die Finsternis, und anbricht die Nacht, dann streifen umher die Tiere des Waldes. Nach Beute brüllen die Jungen des Löwen, sie fordern von Gott ihre Nahrung. Da erhebt sich die Sonne, und sie weichen zurück und bergen sich in den Höhlen.

Der Mensch geht aus, zu schaffen sein Werk, seine Arbeit bis an den Abend. Wie vielgestalt sind Deine Werke, o Herr! Alles hast Du geschaffen in Weisheit, erfüllt ist die Erde von Deinen Geschöpfen. Siehe, groß und weithin gebreitet das Meer, ohne Zahl darin das Gewimmel der Wesen, kleines und großes Getier. Dort ziehen Schiffe einher: dort wandeln Ungeheuer, der Leviatan, den Du geschaffen, im Meer sich zu tummeln. Alle Wesen warten auf Dich, daß Du Speise ihnen gebest zur rechten Zeit. Du spendest ihnen, und sie sammeln es ein, Du öffnest Deine Hand, und sie werden gesättigt mit Gutem. Verbirgst Du Dein Angesicht, so vergehn sie in Furcht; nimmst Du ihnen den Odem, so schwinden sie hin und werden wieder zu Staub.

Du sendest Deinen Geist aus, und sie werden geschaffen, und das Angesicht der Erde machest Du neu. Dem Herrn sei Ehre in Ewigkeit, es freue sich der Herr Seiner Werke. Er, Der hinblickt zur Erde, und sie erbebt, Der die Berge berührt, und sie rauchen, Dem Herrn will ich singen mein Leben lang, will Ihn preisen mit Psalmen, solange ich bin. Möge Ihm gefallen mein Lied; ja, am Herrn habe ich meine Freude. Daß doch schwinden von der Erde die Sünder, nimmer sollen Gottlose sein! Preise, meine Seele, den Herrn.

Die Sonne weiß ihren Untergang; Du schaffst Finsternis und es wird Nacht. O Herr, wie sind Deine Werke so groß, Du hast sie alle in Weisheit geschaffen.

Ehre sei dem Vater und dem Sohne und dem Heiligen Geiste jetzt und immerdar und in alle Ewigkeit. Amen.

Alleluja, alleluja, alleluja, Ehre sei Dir, o Gott. dreimal

PRIESTER oder DIAKON

In Frieden lasset uns zum Herrn beten!

CHOR: Herr, erbarme Dich.

Um den Frieden von oben und das Heil unserer Seelen lasset uns zum Herrn beten.

CHOR: Herr, erbarme Dich.

Um den Frieden der ganzen Welt, um den Wohlstand der heiligen Kirchen Gottes und um die Einigung aller (Menschen) lasset uns zum Herrn beten.

CHOR: Herr, erbarme Dich.

Für dieses heilige Haus und für alle, die es mit Glauben, Ehrfurcht und Gottesfurcht betreten, lasset uns zum Herrn beten.

CHOR: Herr, erbarme Dich.

Für den rechtgläubigen Episkopat der verfolgten Russischen Kirche, für unseren Herrn, den höchstgeweihten Metropoliten Vitalij, den Ersthierarchen der Russischen Auslandskirche, für unseren Herrn, den hochgeweihten Erzbischof Mark, für die ehrwürdige Priesterschaft, den Diakonat in Christus, für den gesamten geistlichen Stand und alles Volk lasset uns zum Herrn beten.

CHOR: Herr, erbarme Dich.

Für das leidende russische Land und die orthodoxen Gläubigen, die in der Heimat und in der Zerstreuung leben, und für ihre Rettung lasset uns zum Herrn beten.

CHOR: Herr, erbarme Dich.

Für dieses Land, für die, die es regieren und es beschützen, lasset uns zum Herrn beten.

CHOR: Herr, erbarme Dich.

Für diese Stadt, für jede Stadt und jedes Land und für die Gläubigen, die darin leben, lasset uns zum Herrn beten.

CHOR: Herr, erbarme Dich.

Um Wohlbeschaffenheit der Luft, um reiches Gedeihen der Früchte der Erde und friedliche Zeiten lasset uns zum Herrn beten.

CHOR: Herr, erbarme Dich.

Für die Reisenden zu Wasser, zu Lande und in der Luft, für die Kranken und Leidenden, für die Gefangenen und um ihr Heil lasset uns zum Herrn beten.

CHOR: Herr, erbarme Dich.

Auf daß wir erlöst werden von aller Trübsal, Zorn, Gefahr und Not, lasset uns zum Herrn beten.

CHOR: Herr, erbarme Dich.

Stehe bei, errette, erbarme Dich und bewahre uns, o Gott, durch Deine Gnade.

CHOR: Herr, erbarme Dich.

Unserer allheiligen, allreinen, über alles gesegneten und ruhmreichen Gebieterin, der Gottesgebärerin und Immerjungfrau Maria, mit allen Heiligen eingedenk, lasset uns uns selbst und einander und unser ganzes Leben Christus, unserem Gott, befehlen.

CHOR: Dir, o Herr.

PRIESTER: Denn Dir gebührt aller Ruhm, Ehre und Anbetung, dem Vater und dem Sohne und dem Heiligen Geiste jetzt und immerdar und in alle Ewigkeit.

CHOR: Amen.

Ton 2 (Ps. 140) Herr, ich rufe zu Dir, erhöre mich; erhöre mich, o Herr. Herr, ich rufe zu Dir, erhöre mich. Vernimm die Stimme meines Flehens, wenn ich zu Dir rufe, erhöre mich, o Herr.

Laß mein Gebet aufsteigen wie Weihrauch vor Dein Angesicht; das Erheben meiner Hände nimm als Abendopfer. Erhöre mich, o Herr.

Setze, o Herr, eine Wache meinem Munde und beschütze das Tor meiner Lippen. Laß mein Herz sich nicht neigen zu Worten der Bosheit, meine Sünden zu entschuldigen, wie die Menschen tun, die Böses verüben. Ich will nicht teilnehmen an dem, was sie erwählten. Der Gerechte mag mich strafen in Güte oder mich schelten; aber des Sünders Öl soll mein Haupt nicht salben. Denn stets bete ich, daß sie mir nicht schaden. Ihre Anführer sollen über Felsen stürzen und vernichtet werden. Wie man die Erdscholle aufreißt über dem Acker, werden ihre Gebeine hingestreut zur Unterwelt. Aber auf Dich, Herr, o Herr, schauen meine Augen; auf Dich hoffe ich. Nimm nicht hinweg mein Leben. Behüte mich vor der Schlinge, die sie mir gelegt, und vor den Fallstricken der Übeltäter. Die Gottlosen müssen in ihr eigenes Netz fallen; ich allein bleibe, bis ich hinübergehe.

(Ps. 141) Laut schreie ich zum Herrn, laut flehe ich zum Herrn. Ich schütte aus vor Seinem Angesicht mein Gebet und tue kund vor Ihm meine Drangsal. Wenn mein Geist in mir verzagt, kennst Du meine Wege. Auf dem Weg, worauf ich wandle, verbargen sie mir Schlingen. Ich blicke zur Rechten und schaue: niemand ist, der mich kennt. Verwehrt ist mir die Flucht, und keiner fragt nach mir. Ich rufe zu Dir, Herr, und sage: Du bist meine Hoffnung, mein Teil im Lande der Lebendigen. Merk auf mein Gebet, denn ich bin sehr gedemütigt! Errette mich vor meinen Verfolgern, denn sie sind mir zu mächtig geworden!

Vers: Führe aus dem Gefängnis meine Seele, * damit ich Deinen Namen bekenne.

Ton 2 Schon läuft das Synedrion der Juden zusammen, um den Bildner und Schöpfer aller dem Pilatus zu überliefern. O, diese Frevler, o, diese Ungläubigen! Man bereitet sich vor, Den, Der da kommen wird, die Lebenden und die Toten zu richten, vor das Gericht zu stellen; Derjenige, Der die Leiden heilt, wird zu den Leiden vorbereitet. Herr, Langmütiger, groß ist Deine Gnade. Ehre sei Dir.

Vers: Die Gerechten warten mein, * bis Du mir vergiltst.

Schon läuft das Synedrion der Juden zusammen............

Vers: (Ps.129) Aus der Tiefe rufe ich zu Dir, o Herr * ; Herr, höre meine Stimme.

Judas, der Frevler, der beim Mahle seine Hand in die Schale mit Dir eintauchte, streckte die Hände aus, um die Silberlinge zu empfangen; der den Preis für das Myronöl erwog, entsetzte sich nicht, Dich, den Unschätzbaren zu verkaufen. Der die Füße hinhielt, daß man sie wasche, küßte arglistig den Gebieter, um Ihn den Frevlern zu verraten; stieß sich aus dem Chor der Apostel aus; hat er auch dann die dreißig Silberlinge weggeworfen, so hat er von Deiner Auferstehung nicht gewußt: durch sie, erbarme Dich unser.

Vers: Laß deine Ohren * merken auf mein lautes Flehen!

Judas, der Frevler, der beim Mahle ....

Vers: Wenn Du die Sünden anrechnest, Herr, o Herr, wer kann bestehen? * Doch bei Dir ist die Versöhnung.

Judas, der Verräter, voll Arglist, verriet mit arglistigem Kusse den Erlöser, den Herrn; und den Gebieter aller verkaufte er wie einen Sklaven den Juden; wie ein Lamm zum Schlachten, so folgte das Lamm Gottes, der Sohn des Vaters, der einzig Erbarmungsvolle.

Vers: Um Deines Namens willen harre ich auf Dich, o Herr.* Meine Seele harret auf Dein Wort; es hofft meine Seele auf den Herrn!

Judas der Verräter, voll Arglist ....

Von der Morgenwache bis zur Nacht, von der Morgenwache an * hoffe Israel auf den Herrn.

Judas, der Knecht und der Arglistige, der Jünger und der Verräter, der Freund und der Teufel, ward an den Werken erkannt. Denn er folgte dem Lehrer und sann gegen Ihn Verrat, indem er bei sich selbst sprach: Ich werde Diesen verraten und das gesammelte Vermögen erhalten. Er suchte auch das Myron zu verkaufen und Jesus durch List in die Gewalt zu bekommen. Er gab den Kuß und übergab Christus. Und wie ein Lamm zur Schlachtbank, so folgte Dieser, der einzig Barmherzige und Menschenliebende.

Vers: Denn beim Herrn ist Erbarmen und reichlich Erlösung.* Er selbst wird Israel erlösen aus allen seinen Sünden.

Judas, der Knecht und der Arglistige ....

Vers: (Ps.116) Lobet den Herrn alle Heiden *, preiset Ihn, ihr Völker alle.

Das Lamm, das Isaja verkündete, schreitet zum freiwilligen Schlachten; und die Schultern gab Er den Wunden, die Wangen den Backenstreichen, das Antlitz wandte Er nicht ab von der Schande des Bespeiens; zum schimpflichen Tode wird Er verurteilt. Alles nimmt der Sündlose willig auf Sich, um allen die Auferstehung von den Toten zu schenken.

Vers: Denn mächtig waltet Sein Erbarmen über uns, * und die Wahrheit des Herrn bleibt ewiglich.

Das Lamm, das Isajas verkündete ....

Ehre sei dem Vater und dem Sohne und dem Heiligen Geiste* jetzt und immerdar und in alle Ewigkeit. Amen.

Ton 6 Judas ist fürwahr ein Sproß der Nattern, die das Manna in der Wüste aßen und wider den Ernährer murrten. Denn als noch Speise in ihrem Munde war, lästerten sie Gott, die Undankbaren. Und dieser Gottlose trug das himmlische Brot im Munde, verübte Verrat wider den Erlöser. O, der unersättlichen Gesinnung und der unmenschlichen Kühnheit. Den Ernährer verkauft er. Der, den der Herr liebt, übergibt den Gebieter in den Tod. Wahrlich, der Frevler ist ein Sohn jener (Gottlosen), und mit ihnen erbte er das Verderben. Aber verschone uns, Herr, von solcher Unmenschlichkeit, Einziger, in Langmut Unvergleichlicher.

D/PR: Weisheit. Stehet aufrecht.

KLEINER EINZUG

CHOR:

Du Mildes Licht Heiliger Herrlichkeit Des Unsterblichen Vaters, Des Himmlischen, Des Heiligen, Des Seligen: Jesus Christus. Zum Sinken der Sonne gekommen, schauen wir das Abendlicht und singen in Hymnen Gott, Dem Vater, und Dem Sohne und Dem Heiligen Geiste. Würdig bist Du, allezeit mit geziemenden Rufen gefeiert zu werden: Gottessohn, Lebenspender: Dich verherrlicht das All.

D/PR.: Lasset uns aufmerken.

PRIESTER: Friede allen.

D/PR.: Weisheit.

LESER: Prokimenon. Ps. 139, Ton 1

Errette mich, Herr, von den bösen Menschen, von dem ungerechten Manne erlöse mich.

CHOR: Errette mich, Herr, von den bösen Menschen, von dem ungerechten Manne erlöse mich.

Die da im Herzen Ungerechtigkeit sannen.

CHOR: Errette mich, Herr, von den bösen Menschen, von dem ungerechten Manne erlöse mich.

Errette mich, Herr, von den bösen Menschen,

CHOR: Von dem ungerechten Manne erlöse mich.

PR: Weisheit.

LESER: Lesung aus dem Buch Exodus.[6]

PRIESTER: Lasset uns aufmerken.

LESER:

Der Herr sprach zu Mose: "Gehe zu deinem Volk! Sie sollen sich heute und morgen zurüsten, ihre Kleider waschen und auf den dritten Tag bereit sein. Denn übermorgen wird der Herr vor den Augen des ganzen Volkes auf dem Berg Sinai herabkommen. Du aber bezeichne rings um den Berg eine Grenze und gebiete: Hütet euch, auf den Berg zu steigen oder auch nur seinen Fuß zu berühren! Jeder, der den Berg berührt, muß sterben. Keine Hand darf ihn berühren; er soll gesteinigt oder durch Pfeilschuß getötet werden. Weder Mensch noch Tier darf am Leben bleiben. Erst wenn das Widderhorn geblasen wird, dürfen sie den Berg hinaufsteigen." Mose ging vom Berg zu dem Volk hinab, ließ das Volk sich zurüsten und seine Kleider waschen. Und Mose gebot dem Volk: "Haltet euch für übermorgen bereit! Naht euch keiner Frau!"

Am dritten Tag, als es Morgen wurde, brachen Donner und Blitze los, eine schwere Wolke lagerte sich über dem Berg, und es ertönte mächtiger Posaunenschall. Das ganze Volk, das im Lager war, erbebte. Mose führte das Volk aus dem Lager heraus Gott entgegen, und sie stellten sich am Fuße des Berges auf. Der Berg Sinai war ganz in Rauch gehüllt, weil der Herr im Feuer auf ihn herabgekommen war. Der Rauch stieg auf wie der Rauch eines Schmelzofens. Der ganze Berg erbebte heftig. Der Posaunenschall wurde immer stärker. Mose redete, und Gott antwortete ihm (im Donner).

† Vesper †

PR: Lasset uns aufmerken.

LESER: Prokimenon. Ps.58, Ton 7

Errette mich von meinen Feinden, o Gott, und von denen, die sich wider mich erheben, erlöse mich.

CHOR: Errette mich von meinen Feinden, o Gott, und von denen, die sich wider mich erheben, erlöse mich.

Erlöse mich von denen, die Unrecht tun.

CHOR: Errette mich von meinen Feinden, o Gott, und von denen, die sich wider mich erheben, erlöse mich.

Errette mich von meinen Feinden, o Gott,

CHOR: Und von denen, die sich wider mich erheben, erlöse mich.

PR: Weisheit.

LESER: Lesung aus dem Buch Ijob.[7]

PR: Lasset uns aufmerken.

LESER:

Es antwortete der Herr dem Ijob aus dem Gewittersturm und sprach: "Wer ist es, der da verdunkelt den Ratschluß mit Reden ohne Einsicht? Gürte doch wie ein Mann deine Lenden; Ich will dich fragen, und du lehre Mich! Wo warst du, als Ich die Erde gründete? Sag an, wenn du Bescheid weißt ! Wer hat ihre Maße bestimmt? - du weißt es ja ! - oder wer die Meßschnur über sie ausgespannt? Worauf sind ihre Pfeiler eingesenkt, oder wer hat ihren Eckstein gelegt, als die Morgensterne allzumal frohlockten und alle Meine Engel jubelten? Wer hat das Meer mit Toren verschlossen, da es hervorbrach, aus dem Mutterschoß kam? Als Ich Gewölk zu seinem Kleide machte und dunkle Wolken zu seinen Windeln? Als ich ihm eine Schranke zog, ihm Tor und Riegel setzte und sprach: "Bis hierher und nicht weiter! Hier sollen sich legen deine stolzen Wogen!" Hast du in deinen Tagen je dem Morgen geboten, dem Frührot seinen Ort gewiesen, daß es die

Säume der Erde erfasse und die Gottlosen von ihr abgeschüttelt werden? Daß sie sich wandelt wie Ton unter dem Siegel und sich färbt wie ein Gewand? Daß die Gottlosen ihres Lichtes beraubt werden und der erhobene Arm zerbrochen wird? Bist du bis hin zu den Quellen des Meeres gekommen, und hast du gewandelt auf dem Grunde der Flut? Sind dir die Tore des Todes aufgetan worden, und hast du die Pförtner des Dunkels gesehen? Hast du die Weiten der Erde erkannt? Sag an, wenn du das alles weißt. Wo geht der Weg zu der Wohnstatt des Lichtes, und wo hat die Finsternis ihren Ort, daß du sie holtest in ihr Gebiet und sie heimbrächtest auf die Pfade zu ihrem Hause? Du weißt es. Damals bist du ja geboren, und deiner Lebenstage Zahl ist groß. Kamst du bis zu den Speichern voller Schnee? Hast du des Hagels Scheuern je gesehen? Die ich für Drangsalzeiten aufbewahrte, für Tage, die dem Kampf und Kriege gelten?"

Da antwortete Ijob dem Herrn und sprach: "Ich weiß nun, daß Du alles kannst und kein Gedanke Dir unmöglich ist! Ich war es, der verdunkelt Deinen Plan mit Worten, denen die Erkenntnis mangelt. So sprach ich ohne Einsicht, was mir zu wunderbar und ich nicht kannte. Höre doch, und ich will reden; ich will Dich fragen, und Du lehre mich! Vom Hörensagen hatte ich von Dir gehört; nun aber hat Dich mein Auge gesehen."

PR:	Weisheit.
LESER:	Lesung der Weissagung des Jesaja.[8]
PR:	Lasset uns aufmerken.

LESER:

Gott der Herr hat mir eines Jüngers Zunge verliehen, daß ich den Müden durch das Wort zu erquicken wisse. Er weckt alle Morgen, weckt mir das Ohr, wie ein Jünger zu hören. Gott der Herr hat mir das Ohr aufgetan, ich aber habe nicht widerstrebt, bin nicht zurückgewichen; den Rücken bot ich denen, die mich schlugen, und die Wangen denen, die mich schlugen; mein Angesicht verhüllte ich nicht, wenn sie mich schmähten und anspieen. Aber Gott der Herr steht mir bei; darum bin ich nicht zuschanden geworden. Darum machte ich mein Angesicht kieselhart und wußte, daß ich nicht beschämt würde. Er, Der mir Recht schafft, ist nahe. Wer will mit mir hadern? Lasset uns zusammen hintreten! Wer will mit mir rechten? Er komme heran! Siehe, Gott der Herr steht mir bei. Wer will mich verdammen? Siehe, sie alle zerfallen wie ein Gewand, die Motten werden sie fressen. Wer unter euch den Herrn fürchtet, der höre die Stimme seines Knechtes; wer in der Finsternis wandelt, daß ihm kein Lichtstrahl glänzt, der vertraue auf den Namen des Herrn und stütze sich auf seinen Gott! Siehe, ihr alle, die ihr Feuer anzündet und Brandpfeile entflammt, geht nun in die Flamme eines Feuers und in die Brandpfeile, die ihr entzündet habt! Solches widerfährt euch von meiner Hand; am Ort der Qual sollt ihr liegen!

DIAKON/PRIESTER:

Wieder und wieder lasset uns in Frieden zum Herrn beten.

CHOR: Herr, erbarme Dich.

Stehe bei, errette, erbarme Dich und bewahre uns, o Gott, durch Deine Gnade.

CHOR: Herr, erbarme Dich.

Unserer allheiligen, allreinen, über alles gesegneten und ruhmreichen Gebieterin, der Gottesgebärerin und Immerjungfrau Maria mit allen Heiligen eingedenk, lasset uns uns selbst und unser ganzes Leben Christus, unserem Gott, befehlen.

CHOR: Dir, o Herr.

PRIESTER: Denn Du bist heilig, unser Gott, und Dir senden wir Verherrlichung empor, dem Vater und dem Sohne und dem heiligen Geiste, jetzt und immerdar und in alle Ewigkeit.

CHOR: Amen.

Heiliger Gott, heiliger Starker, heiliger Unsterblicher, erbarme Dich unser. dreimal

Ehre sei dem Vater und dem Sohne und dem Heiligen Geiste jetzt und immerdar und in alle Ewigkeit. Amen.

Heiliger Unsterblicher, erbarme Dich unser.

Heiliger Gott, heiliger Starker, heiliger Unsterblicher, erbarme Dich unser.

D/PR:	Lasset uns aufmerken.
PR:	Friede allen.
LESER:	Und deinem Geiste.
D/PR:	Weisheit.
LESER:	Prokimenon. Ps.2 (Ton 7)

Die Fürsten haben sich versammelt wider den Herrn und seinen Gesalbten.

CHOR: Die Fürsten haben sich versammelt wider den Herrn und seinen Gesalbten.

Warum toben die Völker und sinnen die Menschen Eitles?

CHOR: Die Fürsten haben sich versammelt wider den Herrn und seinen Gesalbten.

Die Fürsten haben sich versammelt wider den Herrn.

CHOR: Und seinen Gesalbten.

D/PR: Weisheit.

LESER: Lesung aus dem Brief des heiligen Apostels Paulus an die Korinther.[9]

D/PR: Lasset uns aufmerken.

LESER:

Brüder, ich habe vom Herrn empfangen, was ich euch auch überliefert habe: daß der Herr Jesus in der Nacht, in der Er verraten wurde, Brot nahm, dankte, es brach und sprach: Das ist Mein Leib, der für euch hingegeben wird; dies tut zu Meinem Gedächtnis! Ebenso nahm Er nach dem Mahle auch den Kelch und sprach:

Dieser Kelch ist der neue Bund in Meinem Blute; tut dies, sooft ihr trinkt, zu Meinem Gedächtnis! Denn sooft ihr dieses Brot eßt und den Kelch trinkt, sollt ihr den Tod des Herrn verkünden, bis Er kommt. Wer daher unwürdig das Brot ißt oder den Kelch trinkt, macht sich schuldig des Leibes und Blutes des Herrn. Der Mensch aber prüfe sich selbst; und so esse er von diesem Brot und trinke aus diesem Kelch. Denn wer unwürdig ißt und trinkt, der ißt und trinkt sich das Gericht, da er den Leib des Herrn nicht unterscheidet. Darum sind unter euch viele Schwache und Kranke, und viele sind schon entschlafen. Wenn wir uns selbst richteten, so würden wir nicht gerichtet werden; wenn wir aber vom Herrn gerichtet werden, so erleiden wir Züchtigung, damit wir nicht mit der Welt verdammt werden.

D/PR: Friede Dir, der du gelesen hast.

LESER: Und deinem Geiste.

D/PR: Weisheit.

LESER: Alleluja, Alleluja, Alleluja. Ps.40, Ton 6

Wohl dem, der sich der Armen und Elenden annimmt; am bösen Tag wird der Herr ihn erlösen.

CHOR: Alleluja, Alleluja, Alleluja.

Meine Feinde redeten Böses wider mich: wann wird er sterben und sein Name vergehen?

CHOR: Alleluja, Alleluja, Alleluja.

Der da isset mein Brot, wird mir Fallstricke legen.

CHOR: Alleluja, Alleluja, Alleluja.

D/PR: Weisheit, stehet aufrecht, lasset uns hören das heilige Evangelium.

PR: Friede allen.

CHOR: Und deinem Geiste.

PR: Lesung des heiligen Evangeliums nach Matthäus.[10]

CHOR: Ehre sei Dir, o Herr, Ehre sei Dir.

D/PR: Lasset uns aufmerken.

PRIESTER:

Der Herr sprach zu Seinen Jüngern: "Ihr wißt, daß nach zwei Tagen Pas'cha ist, dann wird der Menschensohn zur Kreuzigung ausgeliefert." Damals versammelten sich die Hohenpriester und die Ältesten des Volkes im Palast des Hohenpriesters, der Kajaphas hieß, und hielten Rat, wie sie Jesus mit List ergreifen und töten könnten. Sie sagten aber: "Nur nicht am Feste, damit nicht ein Aufruhr im Volk entsteht. " Als nun Jesus in Bethanien im Hause Simons, des Aussätzigen, weilte, kam zu Ihm eine Frau mit einem Alabastergefäß voll kostbarer Salbe und goß sie über Sein Haupt, während er zu Tische saß. Als die Jünger das sahen, wurden sie unwillig und sagten: "Wozu diese Verschwendung? Man hätte das teuer verkaufen und den Armen geben können." Jesus merkte es und sagte zu ihnen: "Warum kränkt ihr diese Frau? Sie hat ein gutes Werk an Mir getan. Denn Arme habt ihr allezeit bei euch; Mich aber habt ihr nicht allezeit. Denn da sie diese Salbe über Meinen Leib ausgoß, hat sie es zu Meinem Begräbnis getan: Wahrlich, Ich sage euch, überall in der ganzen Welt, wo man diese Frohbotschaft verkünden wird, da wird man auch zu ihrem Gedächtnis von dem reden, was sie getan hat." Da ging einer von den Zwölfen, der Judas Iskariot hieß, zu den Hohenpriesten und sagte: "Was wollt ihr mir geben, wenn ich Ihn euch verrate?" Sie aber setzten ihm dreißig Silberlinge fest. Von da an suchte er eine günstige Gelegenheit, Ihn zu verraten.

Am ersten Tage der ungesäuerten Brote traten die Jünger zu Jesus und fragten: "Wo willst Du, daß wir Dir das Pas'chalamm bereiten?" Er sagte: "Geht in die Stadt zu dem und dem und sagt ihm: Der Meister spricht: Meine Zeit ist nahe, bei dir will Ich mit Meinen Jüngern Pas'cha feiern." Die Jünger taten, wie ihnen Jesus befohlen hatte, und bereiteten das Pas'chalamm. Als es nun Abend geworden war, setzte Er sich mit den Zwölfen zu Tisch.

Obwohl Er wußte, daß der Vater Ihm alles in die Hände gegeben hatte, daß Er von Gott ausgegangen war und zu Gott zurückkehrte, stand Er vom Mahle auf, legte Sein Obergewand ab, nahm ein leinenes Tuch und umgürtete Sich damit. Dann goß Er Wasser in ein Becken und fing an, Seinen Jüngern die Füße zu waschen und sie mit dem leinenen Tuche abzutrocknen, mit dem Er umgürtet war. So kam Er zu Simon Petrus. Dieser sagte zu Ihm: "Herr, Du willst mir die Füße waschen?" Jesus antwortete ihm: "Was Ich tue, verstehst du jetzt nicht; du wirst es aber später begreifen." Petrus entgegnete Ihm: "Nie und nimmer sollst Du mir die Füße waschen!" Jesus antwortete ihm: " Wenn Ich dich nicht wasche, hast du keinen Teil an Mir!" Da sprach Simon Petrus zu Ihm: "Herr, nicht nur meine Füße, sondern auch die Hände und das Haupt". Jesus erwiderte: "Wer gebadet hat, braucht sich nur die Füße zu waschen, dann ist er ganz rein. Auch ihr seid rein, aber nicht alle." Er kannte ja Seinen Verräter, deshalb sagte Er: 'Ihr seid nicht alle rein'. Nachdem Er nun ihre Füße gewaschen hatte, setzte Er Sich wieder zu Tische und sprach zu ihnen: "Versteht ihr, was Ich euch getan habe? Ihr nennt Mich Meister und Herr, und ihr habt recht, denn Ich bin es. Wenn nun Ich, der Meister und Herr, euch die Füße gewaschen habe, so sollt auch ihr, einer dem anderen, die Füße waschen. Denn Ich habe euch ein Beispiel gegeben, damit auch ihr so tut, wie Ich euch getan habe. Wahrlich, wahrlich, Ich sage euch, der Knecht ist nicht größer als sein Herr, und der Gesandte nicht größer als der, welcher ihn gesandt hat. Wenn ihr das versteht, selig seid ihr, wenn ihr auch so handelt."

Und da sie aßen, sprach Er: "Wahrlich, Ich sage euch, einer von euch wird Mich verraten." Da wurden sie sehr betrübt, und einer um den anderen fing an zu fragen: "Ich bin es doch nicht, Herr?" Er antwortete: "Der die Hand mit Mir in die Schüssel tunkt, der wird Mich verraten. Der Menschensohn geht zwar hin, wie von Ihm geschrieben ist; wehe aber dem Menschen, durch den der Menschensohn verraten wird. Es wäre für ihn besser, wenn er nicht geboren wäre." Da antwortete Ihm Sein Verräter Judas: "Bin ich es etwa, Meister?" Er sprach zu ihm: "Du hast es gesagt."

Während sie aßen, nahm Jesus das Brot, sprach den Lobspruch, brach es, gab es Seinen Jüngern und sprach: "Nehmet, esset, das ist Mein Leib." Und Er nahm den Kelch, sprach das Dankgebet und reichte ihn ihnen mit den Worten: "Trinket alle daraus, denn dies ist Mein Blut, das Blut des Neuen Bundes, das für viele vergossen wird zur Vergebung der Sünden. Ich sage euch aber: Ich werde von nun an nicht mehr von dieser Frucht des Weinstocks trinken bis zu jenem Tage, an dem Ich mit euch neu davon trinke im Reiche Meines Vaters." Und nachdem sie den Lobgesang gesprochen hatten, gingen sie hinaus an den Ölberg.

Da sprach Jesus zu ihnen: "In dieser Nacht werdet ihr alle an Mir Anstoß nehmen, denn es steht geschrieben: 'Ich werde den Hirten schlagen, und die Schafe der Herde werden sich zerstreuen'. Wenn Ich aber auferstanden bin, werde Ich euch vorausgehen nach Galiläa." Da antwortete Ihm Petrus: "Wenn auch alle an Dir Anstoß nehmen, ich werde es nie und nimmer." Jesus sagte zu ihm: "Wahrlich, Ich sage dir, in dieser Nacht, ehe der Hahn kräht, wirst du Mich dreimal verleugnen." Petrus entgegnete Ihm: "Und wenn ich mit Dir sterben müßte, ich werde Dich nicht verleugnen." So sprachen auch alle Jünger.

Dann kam Jesus mit ihnen zu einem Landgut, Gethsemani genannt. Da sprach Er zu Seinen Jüngern: "Setzt euch hier, während Ich dorthin gehe und bete." Und Er nahm den Petrus und die zwei Söhne des Zebedäus mit und fing an zu trauern und zu zagen. Er sagte zu ihnen: "Meine Seele ist zu Tode betrübt. Bleibt hier und wachet mit Mir!" Und Er ging ein wenig weiter, fiel auf Sein Angesicht nieder, betete und sprach: "Mein Vater! Wenn es möglich ist, so gehe dieser Kelch an Mir vorüber; doch nicht, wie Ich will, sondern wie Du willst."

Es erschien Ihm aber ein Engel vom Himmel und stärkte Ihn. Und als Ihn Todesangst befiel, betete Er noch anhaltender. Sein Schweiß wurde wie Blutstropfen, die auf die Erde rannen. Jetzt erhob Er Sich vom Gebet, ging zu Seinen Jüngern und fand sie vor Traurigkeit eingeschlafen. Da sagte Er zu Petrus: "Konntet ihr denn nicht eine Stunde mit Mir wachen? Wachet und betet, damit ihr nicht in Versuchung fallet: Der Geist ist zwar willig, aber das Fleisch ist schwach." Dann ging Er zum zweitenmal hin und betete: "Mein Vater! Wenn es nicht möglich ist, daß dieser Kelch vorübergeht, ohne daß Ich ihn trinke, dann geschehe Dein Wille!" Als Er wiederkam, fand Er sie abermals schlafend; denn ihre Augen waren ihnen schwer geworden. Da verließ Er sie, ging wieder hin und betete zum drittenmal, indem Er die gleichen Worte sprach. Als Er dann zu den Jüngern zurückkam, sagte Er ihnen: "Schlafet nur und ruhet! Sehet, die Stunde ist gekommen, da der Menschensohn in die Hände der Sünder überliefert wird. Steht auf, laßt uns gehen! Der Mich verrät, ist nahe." Während Er noch redete, siehe, da kam Judas, einer von den Zwölfen, und mit ihm ein großer Haufe mit Schwertern und Knüppeln, abgeschickt von den Hohenpriestern und Ältesten des Volkes. Sein Verräter hatte ihnen ein Zeichen gegeben und gesagt: "Den ich küssen werde, der ist es, den ergreifet." Und sogleich trat er auf Jesus zu und sprach: "Sei gegrüßt, Meister!" Und er küßte Ihn. Jesus aber sprach zu ihm: "Freund, wozu bist du gekommen?" Dann traten sie näher und legten Hand an Jesus und ergriffen ihn. Und siehe, einer aus der Begleitung Jesu streckte die Hand aus, zog sein Schwert und traf den Knecht des Hohenpriesters, dem er ein Ohr abschlug. Da sprach Jesus zu ihm: "Stecke dein Schwert an seinen Ort! Denn alle, die zum Schwerte greifen, werden durch das Schwert umkommen. Oder meinst du, Ich könnte nicht Meinen Vater bitten und Er würde Mir sofort mehr als zwölf Legionen Engel zu Hilfe schicken? Wie würde dann aber die Schrift in Erfüllung gehen, nach der es so kommen muß?" In jener Stunde sprach Jesus zu dem Haufen: "Wie gegen einen Räuber seid ihr mit Schwertern und Knüppeln ausgezogen, um Mich zu fangen. Täglich saß ich bei euch im Tempel und lehrte, und ihr habt Mich nicht ergriffen. Dies alles aber ist geschehen, damit die Schriften der Propheten sich erfüllen." Da verließen Ihn alle Jünger und flohen.

Die Jesus ergriffen hatten, führten Ihn zu Kajaphas, dem Hohenpriester, bei dem sich die Schriftgelehrten und Ältesten versammelt hatten. Petrus aber folgte Ihm von weitem bis in den Hof des Hohenpriesters. Er ging hinein und setzte sich zu den Dienern, um zu sehen, wie es ausging. Die Hohenpriester aber und der ganze Hohe Rat suchten ein falsches Zeugnis gegen Jesus, um Ihn zum Tode verurteilen zu können, fanden aber keines, obwohl viele falschen Zeugen auftraten. Doch schließlich traten zwei auf und sagten: "Der hat gesagt, Ich kann den Tempel Gottes niederreißen und in drei Tagen wieder aufbauen." Da erhob sich der Hohepriester und sprach zu Ihm: "Antwortest Du nichts? Was sagen diese gegen Dich aus?" Jesus aber schwieg. Da sprach der Hohepriester zu Ihm: "Ich beschwöre Dich bei dem lebendigen Gott, daß Du uns sagest, ob Du der Messias bist, der Sohn Gottes." Jesus sprach zu ihm: "Du hast es gesagt. Indes sage Ich euch: Von nun an werdet ihr den Menschensohn sehen, sitzend zur Rechten der Kraft und kommend auf den Wolken des Himmels." Da zerriß der Hohepriester seine Kleider und sprach: "Er hat gelästert. Was brauchen wir noch Zeugen. Siehe, jetzt habt ihr die Lästerung gehört. Was ist eure Meinung?" Sie antworteten: "Er ist des Todes schuldig." Da spien sie Ihm in Sein Angesicht und schlugen Ihn, andere gaben Ihm Backenstreiche und sagten: "Weissage uns, Messias, wer ist es, der Dich geschlagen hat.?"

Petrus aber saß draußen im Hof. Da trat eine Magd auf ihn zu und sagte: "Auch du warst bei Jesus, dem Galiläer." Er aber leugnete vor allen und sprach: "Ich weiß nicht, was du meinst." Als er aber in den Vorhof hinausgegangen war, sah ihn eine andere und sagte zu denen, die dort waren: "Der da war bei Jesus, dem Nazoräer." Und er leugnete wiederum und schwur: "Ich kenne den Menschen nicht." Nach einer Weile aber traten die Umstehenden herzu und sagten zu Petrus: "Du bist bestimmt auch einer von ihnen. Schon deine Sprache verrät dich ja." Da fing er an, zu fluchen und zu schwören: "Ich kenne den Menschen nicht." Und sogleich krähte der Hahn. Da erinnerte sich Petrus an das Wort, das Jesus ihm gesagt hatte: "Ehe der Hahn kräht, wirst du Mich dreimal verleugnen." Und er ging hinaus und weinte bitterlich.

Als der Morgen kam, berieten sich alle Hohenpriester und Ältesten des Volkes und beschlossen wider Jesus, Ihn hinrichten zu lassen. Sie ließen Ihn gefesselt abführen und übergaben Ihn dem Statthalter Pontius Pilatus.

CHOR: Ehre sei Dir, o Herr, Ehre sei Dir.

DIAKON/PRIESTER:

Lasset uns alle sprechen aus ganzem Herzen und ganzem Geiste, lasset uns sagen:

CHOR: Herr, erbarme Dich.

Herr, Allherrscher, Du Gott unserer Väter, wir bitten Dich, erhöre uns und erbarme Dich.

CHOR: Herr, erbarme Dich.

Erbarme Dich unser, o Gott, nach Deiner großen Barmherzigkeit, wir bitten Dich, erhöre uns und erbarme Dich.

CHOR: Herr, erbarme Dich. dreimal

Wir beten auch für für den rechtgläubigen Episkopat der verfolgten Russischen Kirche, für unseren Herrn, den höchstgeweihten Metropoliten Vitalij, den Ersthierarchen der Russischen Auslandskirche, für unseren Herrn, den hochgeweihten Erzbischof Mark, und für alle unsere Brüder in Christus.

CHOR: Herr, erbarme Dich. dreimal

Wir beten auch für das leidende russische Land und die orthodoxen Gläubigen, die in der Heimat und in der Zerstreuung leben, und für ihre Rettung.

Wir beten auch für die Befreiung Seines Volkes von der bitteren Qual der Herrschaft der Gottlosen, für die Festigung von Einmütigkeit, Bruderliebe und Gottesfurcht unter uns.

CHOR: Herr, erbarme Dich. dreimal

Wir beten auch für dieses Land, für die es regieren und schützen.

CHOR: Herr, erbarme Dich. dreimal

Wir beten auch für unsere Brüder, die Priester und Priestermönche und alle unsere Brüder in Christus.

CHOR: Herr, erbarme Dich. dreimal

Wir beten auch für die seligen Stifter dieses Gotteshauses ewigen Angedenkens; für alle uns vorangegangenen entschlafenen Väter und Brüder, die hier und allerorten ruhen.

CHOR: Herr, erbarme Dich. dreimal

Wir beten auch um Erbarmen, Gnade, Leben, Frieden, Gesundheit, Rettung, Heimsuchung, Nachlaß und Vergebung der Sünden aller Brüder und Schwestern dieser Gemeinde.

CHOR: Herr, erbarme Dich. dreimal

Wir beten auch für die, die in diesem heiligen und ehrwürdigen Hause Frucht bringen und Gutes wirken, die sich mühen, die hier singen und für das Volk, das vor Dir steht und Deine große und reiche Barmherzigkeit erwartet.

CHOR: Herr, erbarme Dich. dreimal

PRIESTER: Denn ein barmherziger und menschenliebender Gott bist Du, und Dir senden wir Verherrlichung empor, dem Vater und dem Sohne und dem Heiligen Geiste, jetzt und immerdar und in alle Ewigkeit.

CHOR: Amen.

Ab hier folgt die normale Gottesdienstordnung der Göttlichen Liturgie des hl. Basilios des Großen.

Folgender Hymnus wird gesungen anstelle des Cherubim-Hymnus:

Als Teilnehmer am Abendmahl Deines Mysteriums, Sohn Gottes, nimm mich heute auf. Deinen Feinden will ich das Mysterium nicht verraten, noch Dir einen Kuß geben wie Judas.

Sondern ich will wie der Schächer bekennen: Gedenke meiner, Herr, in Deinem Reiche.

GROSSER EINZUG

Als Teilnehmer am Abendmahl Deines Mysteriums, Sohn Gottes, nimm mich heute auf. Deinen Feinden will ich das Mysterium nicht verraten, noch Dir einen Kuß geben wie Judas. Sondern ich will wie der Schächer bekennen: Gedenke meiner, Herr, in Deinem Reiche.

Alleluja, Alleluja, Alleluja.

Anstelle des Hymnus an die Gottesmutter nach der Epiklese:

Kommet ihr Gläubigen, lasset uns genießen, hehren Sinnes, im Obergemache von der Gastfreundschaft des Gebieters und des unsterblichen Mahles; und lasset uns vom Worte des in das Obergemach gekommenen Wortes lernen, Das wir preisen.

Anstatt des KINONIKON, nach "Einer ist heilig, einer Herr .." wird gesungen:

Als Teilnehmer am Abendmahl Deines Mysteriums, Sohn Gottes, nimm mich heute auf. Deinen Feinden will ich das Mysterium nicht verraten, noch Dir einen Kuß geben wie Judas. Sondern ich will wie der Schächer bekennen: Gedenke meiner, Herr, in Deinem Reiche.

Alleluja, Alleluja, Alleluja.

Während des Empfanges der heiligen Kommunion, anstatt "Nehmet den Leib Christi", wird gesungen:

Als Teilnehmer am Abendmahl Deines Mysteriums, Sohn Gottes, nimm mich heute auf. Deinen Feinden will ich das Mysterium nicht verraten, noch Dir einen Kuß geben wie Judas. Sondern ich will wie der Schächer bekennen: Gedenke meiner, Herr, in Deinem Reiche.

(Nach der Kommunion):

† Heiliger und Hoher Donnerstag †

Als Teilnehmer am .... ; Alleluja, Alleluja, Alleluja.

Anstelle des Hymnus am Ende der Liturgie: "Es füllt sich unser Mund..." wird gesungen:

Als Teilnehmer am Abendmahl Deines Mysteriums, Sohn Gottes, nimm mich heute auf. Deinen Feinden will ich das Mysterium nicht verraten, noch Dir einen Kuß geben wie Judas. Sondern ich will wie der Schächer bekennen: Gedenke meiner, Herr, in Deinem Reiche.

Alleluja, Alleluja, Alleluja.

Entlassung.

PRIESTER: Der wegen Seiner alles übersteigenden Güte den schönen Weg der Demut gezeigt hat, indem Er die Füße der Jünger gewaschen hat und sogar bis zum Kreuz und Begräbnis zu uns herabgestiegen ist, Christus, unser wahrer Gott, möge auf die Gebete Seiner allreinen Mutter, der seligen und Gotttragenden Väter und aller Heiligen sich unser erbarmen, denn Er ist gütig und menschenliebend.

CHOR: Amen

† †

KLEINE KOMPLET
(Maloe Povečerie)

PRIESTER: Gepriesen sei unser Gott allezeit, jetzt und immerdar und in alle Ewigkeit.

LESER: Amen.

Ehre sei Dir, unser Gott, Ehre sei Dir.

Himmlischer König, Tröster, Du Geist der Wahrheit, allgegenwärtig und alles erfüllend, Hort der Güter und Lebenspender, komm, wohne in uns, reinige uns von jedem Makel und rette, Gütiger, unsere Seelen.

Heiliger Gott, heiliger Starker, heiliger Unsterblicher, erbarme Dich unser. *dreimal*

Ehre sei dem Vater und dem Sohne und dem Heiligen Geiste jetzt und immerdar und in alle Ewigkeit. Amen.

Allheilige Dreieinigkeit, erbarme Dich unser; reinige uns, o Herr, von unseren Sünden; vergib, o Gebieter, unsere Vergehen; suche heim unsere Schwächen, o Heiliger, und heile sie um Deines Namens willen.

Herr, erbarme Dich. *dreimal*

Ehre sei dem Vater und dem Sohne und dem Heiligen Geiste jetzt und immerdar und in alle Ewigkeit. Amen.

Vater unser, der Du bist in den Himmeln; geheiligt werde Dein Name; Dein Reich komme; Dein Wille geschehe wie im Himmel so auch auf Erden. Unser tägliches Brot gib uns heute; und vergib uns unsere Schuld, wie auch wir vergeben unseren Schuldigern; und führe uns nicht in Versuchung, sondern erlöse uns von dem Bösen.

PRIESTER: Denn Dein ist das Reich und die Kraft und die Herrlichkeit, des Vaters und des Sohnes und des Heiligen Geistes, jetzt und immerdar und in alle Ewigkeit.

LESER: Amen.

Herr, erbarme Dich. zwölfmal

Ehre sei dem Vater und dem Sohne und dem Heiligen Geiste jetzt und immerdar und in alle Ewigkeit. Amen.

Kommet, lasset uns anbeten Gott, unseren König.

Kommet, lasset uns anbeten und niederfallen vor Christus, Gott, unserem König.

Kommet, lasset uns anbeten und niederfallen vor Christus selbst, unserem König und Gott.

Psalm 50 Erbarme Dich meiner, o Gott, nach Deiner großen Güte, nach der Fülle Deines Erbarmens tilge meine Schuld. Wasche mich rein von meiner Missetat, reinige mich von meiner Sünde. Denn ich kenne mein Vergehen, und meine Sünde steht mir immerdar vor Augen. Ich habe gesündigt an Dir allein; was böse vor Dir, ich habe es getan. Nun erweisest Du Dich in Deinem Urteil gerecht, und recht behalten hast Du in Deinem Gerichte. Siehe, in Schuld bin ich geboren, und ich war schon in Sünde, als mich die Mutter empfangen. Doch siehe, Du hast Gefallen an der Wahrheit des Herzens; lehre mich Geheimnisse der Weisheit. Besprenge mich mit Ysop, so werde ich rein; wasche mich, und ich werde weißer als der Schnee. Laß mich vernehmen Freude und Wonne, und mein zerschlagen Gebein wird frohlocken. Wende ab von meinen Sünden Dein Angesicht und tilge all meine Frevel. Ein reines Herz erschaffe mir, Gott, und einen festen Geist erwecke mir neu. Von Deinem Antlitz verstoße mich nicht. Nimm von mir nicht hinweg Deinen heiligen Geist. Deines Heiles Wonne schenke mir wieder, in willigem Geiste mache mich stark. Dann will ich Deine Wege den Irrenden weisen, und Sünder werden sich bekehren zu Dir. Errette mich aus der Blutschuld, o Gott, Du Gott meines Heiles, und meine Zunge wird Deine Gerechtigkeit rühmen. Herr, tue auf meine Lippen, und mein Mund wird verkünden Dein Lob. Denn Schlachtopfer begehrst Du nicht; und gäbe ich Dir Brandopfer, es gefiele Dir nicht. Ein Opfer, das Gott gefällt, ist ein zerbrochener Geist; ein reuevolles und demütiges Herz wirst Du, o Gott, nicht verachten. Tue Sion Gutes nach Deinem Wohlgefallen, baue die Mauern Jerusalems auf. Dann hast Du Gefallen am Opfer der Gerechtigkeit, an Gaben und Brandopfern, dann wird man Opfertiere legen auf Deinen Altar.

Psalm 69 O Gott, in Deiner Gnade errette mich, eile, Herr, mir zu helfen. Zuschanden sollen werden und erröten in Schmach, die nach dem Leben mir trachten. Von Scham befallen, sollen sie weichen, die sich freuen an meinem Unglück. Sie sollen weichen, beladen mit Schande, die mich höhnen: So ist es recht. Doch jubeln sollen und Deiner sich freuen alle, die treulich Dich suchen. Und immer sollen sagen "Groß ist Gott" alle, die ersehnen Dein Heil. Ich aber, elend bin ich und arm, o Gott, eile her zu mir! Du bist mein Helfer und mein Befreier, säume nicht länger, Herr!

Psalm 142 O Herr, höre auf mein Gebet, vernimm mein Flehen in Deiner Treue, in Deiner Gerechtigkeit erhöre mich! Gehe nicht ins Gericht mit Deinem Knecht; denn kein Lebender ist vor Dir gerecht. Der Feind trachtet mir nach dem Leben; er beugt mich zu Boden, legt mich in Finsternis gleich einem ewig Toten. Mein Geist in mir will verzagen, mein Herz erstarrt mir in der Brust. Ich gedenke vergangener Tage, ich sinne nach über all Dein Tun und erwäge das Werk Deiner Hände. Ich breite meine Hände aus nach Dir; meine Seele ist vor Dir wie lechzendes Land. Erhöre mich bald, o Herr, mein Geist verläßt mich. Verbirg Dein Angesicht nicht vor mir, daß ich nicht denen gleich werde, die zur Grube fahren! Laß mich frühe Deine Gnade hören, denn ich vertraue auf Dich. Tue mir kund den Weg, den ich gehen soll, denn zu Dir erhebe ich meine Seele. Errette mich vor meinen Feinden, o Herr! Zu Dir nehme ich meine Zuflucht. Lehre mich Deinen Willen befolgen, denn Du bist mein Gott; Dein guter Geist geleite mich auf ebener Bahn, um Deines Namens willen, Herr, erhältst Du mich. In Deiner Treue führst Du meine Seele aus der Not. In Deiner Gnade zerstreust Du meine Feinde und vernichtest alle, die mich bedrängen; denn ich bin Dein Knecht.

Ehre sei Gott in den Höhen und auf Erden Friede den Menschen Seiner Huld.

Dich loben wir, Dich segnen wir, Dich beten wir an, Dich verherrlichen wir, Dir danken wir ob Deiner großen Herrlichkeit.

Herr, himmlischer König, Gott Vater, Allherrscher; Herr, einziggeborener Sohn, Jesus Christus, und Heiliger Geist.

Herr Gott, Lamm Gottes, Sohn des Vaters, der Du hinwegträgst die Sünde der Welt, erbarme Dich unser. Der Du hinwegträgst die Sünden der Welt, nimm auf unser Flehen, der Du sitzest zur Rechten des Vaters, erbarme Dich unser.

Denn Du bist allein der Heilige, Du allein der Herr, Jesus Christus, in der Herrlichkeit Gottes, des Vaters. **A**men.

Ich will Dich segnen Tag für Tag und loben Deinen Namen auf ewig und in der Ewigkeit der Ewigkeiten.

Herr, Du bist unsere Zuflucht von Geschlecht zu Geschlecht. Ich sage: Herr, erbarme Dich meiner; heile meine Seele, denn gegen Dich habe ich gesündigt.

Herr, ich flüchte zu Dir, lehre mich Deinen Willen befolgen; denn Du bist mein Gott. Denn bei Dir ist die Quelle des Lebens, und in Deinem Lichte schauen wir das Licht. Breite aus Dein Erbarmen über alle, die Dich kennen.

Gewähre, Herr, daß wir uns in dieser Nacht sündlos bewahren mögen.

Gesegnet bist Du, Herr, Gott unserer Väter, und gelobt und verherrlicht ist Dein Name in alle Ewigkeit. **A**men.

Dein Erbarmen, Herr, komme über uns, denn wir haben auf Dich gehofft.

Gesegnet bist Du, Herr, lehre mich Deine Gebote.

Gesegnet bist Du, Gebieter, unterweise mich in Deinen Geboten.

Gesegnet bist Du, Heiliger, erleuchte mich durch Deine Gebote.

Herr, Dein Erbarmen bleibt in alle Ewigkeit; verachte nicht das Werk Deiner Hände.

Dir gebühret Preis, Dir gebühret Lobgesang, Herrlichkeit gebühret Dir, dem Vater und dem Sohne und dem Heiligen Geiste, jetzt und immerdar und in alle Ewigkeit.

Amen.

Ich glaube an den Einen Gott, den Vater, den Allherrscher, Schöpfer des Himmels und der Erde, alles Sichtbaren und Unsichtbaren.

Und an den einen Herrn Jesus Christus, den Sohn Gottes, den Einziggeborenen, Den aus dem Vater Gezeugten vor allen Zeiten; Licht vom Licht, den wahren Gott vom wahren Gott, gezeugt, nicht erschaffen, eines Wesens mit dem Vater, durch Den alles erschaffen ist; Der um uns Menschen und um unseres Heiles willen vom Himmel herabgekommen und Fleisch geworden ist vom Heiligen Geiste und Maria, der Jungfrau, und Mensch geworden ist; Der für uns gekreuzigt worden ist unter Pontius Pilatus, gelitten hat und begraben worden ist und am dritten Tage auferstanden ist gemäß den Schriften. Der aufgefahren ist in die Himmel und sitzet zur Rechten des Vaters; Der wiederkommen wird mit Herrlichkeit, zu richten die Lebenden und die Toten; Dessen Reich kein Ende haben wird.

Und an den Heiligen Geist, den Herrn, den Lebenschaffenden, Der vom Vater ausgeht, Der mit dem Vater und dem Sohne angebetet und verherrlicht wird, Der durch die Propheten gesprochen hat.

An die eine, heilige, katholische und apostolische Kirche. Ich bekenne die eine Taufe zur Vergebung der Sünden. Ich erwarte die Auferstehung der Toten und das Leben der künftigen Zeit.

Amen.

KANON Ton 8

Irmos *Vertreibe die Finsternis meiner Seele, Lichtspender, Christus Gott, Der Du das ursprüngliche Dunkel des Chaos verbanntest; schenke auch mir das Licht Deiner Gebote, o Wort, auf daß ich schon in der Morgenfrühe Dich preise.* zweimal

LESER: Ehre sei Dir, unser Gott, Ehre sei Dir.

Die Tafel ist geschmückt, das Pas'cha ist Dir bereitet worden, wie Du, Christus, es gesagt hast; aber Judas sinnt über den Verrat nach, und er, der mit Dir war, willigt, aus Geldgier, in den Preis ein.

Ehre sei Dir, unser Gott, Ehre sei Dir.

Christus steht vom Mahle auf, umgürtet freiwillig mit dem Linnentuch die Lenden und neigt Seinen Nacken, als Petrus zu Ihm ruft: "Niemals wirst Du meine Füße waschen; doch, wasche mich ganz."

Ehre sei Dir, unser Gott, Ehre sei Dir.

Judas, der arglistige Jünger, nahm das Brot für den Verrat in seine Hände, mit denen er an Dir den Verrat übte, streckte seine Füße aus, die Du Selbst gewaschen und mit dem Linnentuch getrocknet hast.

Ehre sei Dir, unser Gott, Ehre sei Dir.

Judas gab Dir den arglistigen Kuß mit den Lippen, die er öffnete, um Deinen Leib, o Wort, unwürdig zu berühren, indem er Dir zurief: "Sei gegrüßt (freue Dich), Meister." Wehe dem einen, der küßt und verrät, es ist der Knecht und der Arglistige.

Ehre sei Dir, unser Gott, Ehre sei Dir.

Als Petrus sah, was damals geschah, wurde er von Furcht ergriffen, als er sich durch die boshafte Frage der Magd entlarvt sah: Denn er verleugnete Dich, Herr, nicht nur, wie Du es gesagt hast, sondern auch, wie Du es vorhergewußt hast, Du, Allwissender.

Ehre sei Dir, unser Gott, Ehre sei Dir.

Der Schöpfer empfängt Backenstreiche, und durch Seine Schmach wird auch die Schöpfung geschlagen: Er läßt Sich freiwillig schlagen, und das Himmlische verneigt sich vor Ihm;

der Richter wird angespieen und alle Grundfesten der Erde werden erschüttert.

Ehre sei dem Vater und dem Sohne und dem Heiligen Geiste.

Mit Dornen wird Gott gekrönt, Er, Der die Erde mit Blumen schmückt. Er empfängt Wunden, duldet langmütig die Schmach, trägt das Purpurgewand des Spottes und duldet alles, obwohl Er Gott ist und mit Seinem Leib leidet.

Jetzt und immerdar und in alle Ewigkeit. Amen.

Möge Johannes rufen, indem er erzählt nach göttlichen Belehrungen von Deiner Menschwerdung: Das Wort ward Fleisch unverändert aus der Jungfrau geworden und blieb dem Wesen nach Gott, wie Er es auch vorher war, Sich nicht entfernend vom väterlichen Schoß.

ODE 8

Irmos *Der Du über den Wassern Deinen Wohnsitz errichtest, Der Du dem Meere den Sand zur Grenze legtest und alles zusammenhältst: Dich besingt die Sonne, Dich lobt der Mond, Dir bringt die ganze Schöpfung den Lobgesang in Ewigkeit als dem Schöpfer aller.* zweimal

Ehre sei Dir, unser Gott, Ehre sei Dir.

Der Du den Himmel mit Wolken kleidest, Jesus, Der Du auf dem Throne der Herrlichkeit herrschst mit dem (ewigen) unsterblichen Vater, Du nahmst das Linnentuch, mit ihm umgürtetest Du Dich, um die aus Staub gebildeten Füße zu trocknen; Der Du ganz das Feuer, o Wort, bist, auch wenn Du Fleisch angenommen hast.

Ehre sei Dir, unser Gott, Ehre sei Dir.

Nachdem Er alle gewaschen hat, lehnt Sich, Jesus, zurück und spricht zu Seinen Jüngern: "Wisset, was ich jetzt getan habe: Ich habe euch allen ein Beispiel der Demut gegeben; auf daß, wenn jemand der Erste zu sein wünscht, er möge freiwillig von allen der Letzte sein.

Ehre sei Dir, unser Gott, Ehre sei Dir.

"Ihr seid rein, aber nicht alle!" sagte Christus zu Seinen Freunden, die mit Ihm am Tische lagen. Dieses Wort sprach Er zu denen, die einer dem anderen nicht trauten. Deshalb nannte Er danach offen den Namen des Verräters.

Ehre sei Dir, unser Gott, Ehre sei Dir.

Als Er dies gesagt hatte, kam der Richter aller mit Seinen Jüngern zum Ölberg und sprach daraufhin: "Kommet und lasset uns von hinnen gehen, denn der Verräter ist schon da. Niemand verleugne Mich, denn Ich erdulde freiwillig die Leiden."

Ehre sei Dir, unser Gott, Ehre sei Dir.

O des listigen Kusses: "Gegrüßest seist Du!" spricht Judas zu Christus; mit diesem Wort überliefert er Ihn zur Schlachtung. Denn er hatte diese Zeichen den Frevlern gegeben: "Den ich küssen werde, Der ist es, Den ich euch zu überliefern versprochen habe."

Ehre sei Dir, unser Gott, Ehre sei Dir.

Gefangen wurde unser Gott von den frevelhaften Menschen, und ohne zu widersprechen, gab auch keinen Laut von Sich das Lamm Gottes. Alles hast Du erduldet, Dich verhören lassen, Dich richten lassen, Dich schlagen lassen, Dich binden lassen und Dich führen lassen zu Kajaphas mit Waffen und Speeren!

Ehre sei Dir, unser Gott, Ehre sei Dir.

"Er möge gekreuzigt werden, Jesus Christus!" Rief das jüdische Volk mit Priestern und Schriftgelehrten. O des ungläubigen Volkes! Was hat denn der Erschienene getan, Er, Der den Lazarus aus dem Grabe erweckte und den Menschen den Weg zur Errettung schuf?

Ehre sei Dir, unser Gott, Ehre sei Dir.

† Kleine Komplet †

Vor dem Richterstuhl des Pilatus schrie das frevelhafte Volk und rief: "Kreuzige Diesen, befreie uns aber den gefangenen Mörder Barabbas!" Und nachdem Christus geschlagen worden war: "Nimm, nimm, kreuzige Ihn zusammen mit den Schächern!"

Lasset uns preisen den Vater und den Sohne und den Heiligen Geist, den Herrn.

Welch eine unaussprechliche Selbstentäußerung[11]! Welch ein unsagbarer Ratschluß! Obwohl Du das Feuer bist, hast Du, Erlöser, die Füße dem Verräter gewaschen; und obwohl Du sie wuschest, versengtest Du sie nicht; und als Du beim Abendmahle das Brot austeiltest, lehrtest Du den geheimnisvollen Gottesdienst[12].

Jetzt und immerdar und in alle Ewigkeit. Amen.

Welch eine neue Kunde: Gott ist Sohn einer Frau; eine jungfräuliche Geburt und eine gattenlose Mutter, und der Geborene ist ein Gott! Welch eine ehrfurchtgebietende Kunde! Welch eine ehrwürdige Empfängnis! Welch eine jungfräuliche Geburt aus der Jungfrau! Wahrlich, alles übersteigt das Vermögen des Verstandes und ist höher als jedes Wissen.

ODE 9

Irmos *Gelobt sei der Herr, Gott Israels, Der uns die Kraft des Heils gezeigt hat*[13] *im Hause Davids, Seines Knechtes. In uns ist Christus, der Aufgang der Sonne aus den Höhen, erschienen und hat uns auf den Weg des Friedens gelenkt*[14]. zweimal

Ehre sei Dir, unser Gott, Ehre sei Dir.

"Wieder schlafet ihr," sprach Christus zu Seinen Jüngern: "Wachet, denn die Stunde ist herangenaht; nun aber, stehet auf, lasset uns gehen, meine Freunde; der Verräter - Jünger bringt eine ganze Schar mit, um Mich den Menschenmördern zu überliefern."

Ehre sei Dir, unser Gott, Ehre sei Dir.

Dein Kuß ist voll Arglist und dein Gruß ist voll Bitterkeit; an wen richtest du sie, Arglistiger? Denn du sprichst: Sei gegrüßt, Rabbi! Christus aber sprach: "Freund, weswegen kamst du, sage es; wenn du zum Kusse gekommen bist, warum bringst du das Schwert, das mit Honig bestrichene, mit?"

Ehre sei Dir, unser Gott, Ehre sei Dir.

Vor dem Richterstuhl des Pilatus stelltest Du, Christus, unschuldiger Richter, Dich freiwillig, um uns von unserer Schuld zu erlösen. Deshalb, hast Du, Gütiger, alles erduldet, indem Du leiblich (im Fleische) verwundet wurdest, damit wir die Befreiung erlangen.

Ehre sei Dir, unser Gott, Ehre sei Dir.

Der Barmherzigkeit weites Meer, wie steht das Feuer vor Pilatus, der da Heu, Schilfrohr und Staub ist, den das Feuer der Gottheit, Christus, nicht versengte! Doch geduldig harrte Er aus, Er, Der dem Wesen nach frei ist als der Menschenliebende.

Ehre sei Dir, unser Gott, Ehre sei Dir.

"Nimm, nimm, kreuzige den sogenannten Christus," riefen die Juden einst zu Pilatus. Dieser aber wusch seine Hände und mit dem Schreibrohr unterschrieb er die Schuldschrift[15], die allen die Unsterblichkeit schenkt.

Ehre sei Dir, unser Gott, Ehre sei Dir.

Noch heftiger riefen die Frevler zu Pilatus: "Nimm, nimm, kreuzige du den Christus." So baten sie Ihn zu töten als den schon Verurteilten; ist es aber nicht Dieser, Der die Toten aufweckte, die Aussätzigen reinigte, eine Blutflüssige heilte, die Gelähmten aufgerichtet hat.

Ehre sei Dir, unser Gott, Ehre sei Dir.

"Was für Böses hat Er getan, daß ihr so heftig rufet: Nimm, nimm, und kreuzige Ihn?" rief einst Pilatus dem unvernünftigen Volke zu. "Ich finde keine Schuld an Ihm." Sie aber schrieen bitterlich: "Nimm, nimm, kreuzige den Erlöser aller!"

† Kleine Komplet †

Ehre sei Dir, unser Gott, Ehre sei Dir.

O ihr frevlerischen Juden! O ihr törichtes Volk! Erinnert ihr euch denn nicht der Menge der Heilungen? Wie einst schon eure Väter nicht erkannt haben, habt auch ihr heute noch nicht erkannt Seine göttliche Kraft.

Ehre sei dem Vater und dem Sohne und dem Heiligen Geiste.

Indem Du geschlagen wurdest, mein Schöpfer, und Dich um meinetwillen der Kreuzigung hingabst, damit Du meine Erlösung inmitten der Erde wirken konntest, lässest Du der Welt das Leben quellen, und durch dein ehrwürdiges Blut hast Du unsterblich gemacht die, die Dich anbeten.

Jetzt und immerdar und in alle Ewigkeit. Amen.

Gebieter, deine Mutter, die Mutter des Lammes, stand am Kreuze und beweinte Dich, den Schöpfer aller, sah Deine Langmut. denn Du bist freiwillig, dem Leibe nach, geboren und hast alle Leiden dem Fleische nach erduldet, um die Welt zu erretten.

Katavassia *Gelobt sei der Herr, Gott Israels, Der uns die Kraft des Heils gezeigt hat im Hause Davids, Seines Knechtes. In uns ist Christus, der Aufgang der Sonne aus den Höhen, erschienen und hat uns auf den Weg des Friedens gelenkt.*

LESER:

Heiliger Gott, heiliger Starker, heiliger Unsterblicher, erbarme Dich unser. dreimal

Ehre sei dem Vater und dem Sohne und dem Heiligen Geiste jetzt und immerdar und in alle Ewigkeit. Amen.

Allheilige Dreieinigkeit, erbarme Dich unser; reinige uns, o Herr, von unseren Sünden; vergib, o Gebieter, unsere Vergehen; suche heim unsere Schwächen, o Heiliger, und heile sie um Deines Namens willen.

Herr, erbarme Dich. dreimal

Ehre sei dem Vater und dem Sohne und dem Heiligen Geiste jetzt und immerdar und in alle Ewigkeit. Amen.

Vater unser, der Du bist in den Himmeln; geheiligt werde Dein Name; Dein Reich komme; Dein Wille geschehe wie im Himmel so auch auf Erden. Unser tägliches Brot gib uns heute; und vergib uns unsere Schuld, wie auch wir vergeben unseren Schuldigern; und führe uns nicht in Versuchung, sondern erlöse uns von dem Bösen.

PRIESTER: Denn Dein ist das Reich und die Kraft und die Herrlichkeit, des Vaters und des Sohnes und des Heiligen Geistes, jetzt und immerdar und in alle Ewigkeit.

LESER: Amen.

CHOR: Kondakion Ton 2

Nachdem der Verräter das Brot in seine Hände empfangen hat, streckt er sie heimlich aus und empfängt den Kaufpreis für den Schöpfer, Der mit Seinen Händen den Menschen erschuf. Und Judas blieb unverbesserlich, ein Knecht und arglistig.

LESER: Herr, erbarme Dich. vierzigmal

O Du zu aller Zeit und zu jeder Stunde im Himmel und auf Erden angebeteter und hochgepriesener Christus, Gott! Du Langmütiger, Du Barmherziger, Du Huldvoller, der Du die Gerechten liebst und der Sünder Dich erbarmst, der Du alle zum Heile berufest durch die Verkündigung der zukünftigen Güter: Du Selbst, o Herr, nimm auch unsere Bitten entgegen, die wir in dieser Stunde an Dich richten, und richte unser Leben ein nach Deinen Geboten; heilige unsere Seelen, reinige unsere Leiber, mache zurecht unsere Gedanken, mache rein unser Sinnen und errette uns von aller Trübsal, Leid und Not. Umgib uns mit Deinen heiligen Engeln, auf daß wir, durch ihre Schar bewacht und geführt, zu der Einigung im Glauben und zur Erkenntnis Deiner unnahbaren Herrlichkeit gelangen; denn Du bist hochgelobt in alle Ewigkeit. Amen.

† Kleine Komplet †

Herr, erbarme Dich. dreimal

Ehre sei dem Vater und dem Sohne und dem Heiligen Geiste jetzt und immerdar und in alle Ewigkeit. Amen.

Die du geehrter bist als die Cherubim und unvergleichlich herrlicher als die Seraphim, die du Gott, das Wort, unversehrt geboren hast, in Wahrheit Gottesgebärerin, dich preisen wir hoch!

Im Namen des Herrn gib, Vater, den Segen.

PRIESTER: Durch die Gebete unserer heiligen Väter willen, Herr Jesus Christus, unser Gott, erbarme Dich unser.

Unbefleckte, makellose, unversehrte, allreinste, reine Jungfrau, Braut Gottes, Gebieterin, die du Gott, das Wort, den Menschen durch deine wunderbare Geburt vereinigt und die gefallene Natur unseres Geschlechtes den Himmlischen verbunden hast, du einzige Hoffnung der Hoffnungslosen und Hilfe der Angefochtenen, bereitwillige Beschützerin derer, die zu dir eilen, und Zuflucht aller Christen! Verschmähe mich, den Sünder, nicht, den Schuldbeladenen, der mit häßlichen Gedanken, Worten und Werken sich unnütz gemacht hat und durch Leichtsinn ein Sklave der Lüste des Lebens geworden ist. Als Mutter des menschenliebenden Gottes neige dich in deiner Menschenliebe über mich Sünder und Verlorenen und nimm an mein Flehen, das ich von unreinen Lippen dir darbringe. Da du als Mutter freien Zutritt zu deinem Sohn, unserem Gebieter und Herrn, hast, flehe Ihn an, daß Er auch mir öffne das Herz Seiner Güte, mir nachsehe die unzähligen Fehler, mich zur Buße bekehre und mich treu erfüllen lasse Seine Gebote. Stehe mir bei in deinem Erbarmen, deinem Mitleid und deiner Güte. In diesem Leben sei mir warmherzige Fürsprecherin und Helferin, wehre ab den Ansturm der Widersacher und weise mir das Heil. Umgib in der Zeit meines Hinscheidens meine müde Seele. Vertreibe fern von ihr die finsteren Erscheinungen böser Geister. Am furchtbaren Tage des ewigen Gerichtes stelle dich vor mich, daß ich, errettet von der ewigen Qual, zum Erbe werde der unaussprechlichen Herrlichkeit deines Sohnes, unseres Gottes. Dies möge ich erlangen, meine Gebieterin, allheilige Gottesgebärerin, kraft deines Eintretens für uns und deiner Hilfe, durch die Gnade und die Menschenliebe deines einziggeborenen Sohnes, unseres Herrn und Gottes und Erlösers Jesus Christus. Ihm gebührt alle Herrlichkeit und Ehre und Anbetung, samt Seinem anfanglosen Vater und Seinem allheiligen und guten und lebendigmachenden Geiste, jetzt und immerdar und in alle Ewigkeit. Amen.

Und gib, Gebieter, uns, die wir uns nun zur Ruhe begeben, die Ruhe des Leibes und der Seele. Behüte uns vor dem dunklen Schlaf der Sünde und vor aller finsteren und nächtlichen Lust, lösche die entzündenden Pfeile des Bösen, unterdrücke den Aufruhr des Fleisches und nimm all unseren irdischen und fleischlichen Gedanken ihre Macht. Verleihe uns, o Gott, einen wachen Geist, einen weisen Verstand, ein nüchternes Herz, einen leichten Schlaf, frei von allen teuflischen Trugbildern. Wecke uns zur Zeit des Gebetes, gestärkt in Deinen Geboten und in ungetrübten Gedanken an Dein Gericht. Gewähre uns Dich zu verherrlichen während der ganzen Nacht, damit wir besingen, loben und erheben können Deinen allehrwürdigen Namen, des Vaters und des Sohnes und des Heiligen Geistes, jetzt und immerdar und in alle Ewigkeit. Amen.

Ruhmreiche, stets jungfräuliche, gesegnete Gottesgebärerin, bringe unser Gebet vor deinen Sohn, unseren Gott, und bitte, daß Er um deinetwillen erlöse unsere Seelen.

Meine Hoffnung ist der Vater, meine Zuflucht der Sohn, mein Obdach der Heilige Geist. Allheilige Dreieinigkeit, Ehre sei Dir.

PRIESTER: Ehre sei Dir, Christus, unser Gott, Du unsere Hoffnung, Ehre sei Dir.

CHOR: Ehre sei dem Vater und dem Sohne und dem Heiligen Geiste jetzt und immerdar und in alle Ewigkeit. Amen.

Herr, erbarme Dich. dreimal

Gib den Segen.

PRIESTER:

Christus, unser wahrer Gott, möge durch die Gebete Seiner allreinen Mutter, auf die Fürbitte der seligen und Gott-tragenden Väter und aller Heiligen Sich unser erbarmen als der Gütige und Menschenliebende.

CHOR: Amen.

PRIESTER: Verzeiht mir, meine Brüder (und Schwestern), und vergebt mir, dem Sünder, alles, was ich gesündigt habe in der Zeit meines Lebens und in der Zeit der heiligen Vierzig Tage (der großen Fastenzeit) in Werken, Worten, in all meinen Gedanken und allen meinen Gefühlen.

(Antwort: Gott verzeiht Dir und erbarmt Sich deiner, Vater.)

CHOR (singt fortwährend, leise): Herr, erbarme Dich.

PRIESTER: Lasset uns beten für den rechtgläubigen Episkopat der verfolgten Russischen Kirche, für unseren Herrn, den höchstgeweihten Metropoliten Vitalij, den Ersthierarchen der Russischen Auslandskirche, für unseren Herrn, den hochgeweihten Erzbischof Mark, und für alle unsere Brüder in Christus.

Für das leidende russische Land und die orthodoxen Gläubigen, die in der Heimat und in der Zerstreuung leben, und für ihre Rettung.

Für dieses Land, für die, die es regieren und es beschützen.

Für die, die uns hassen und die, die uns lieben.

Für die, die uns dienen und die, die uns gedient haben.

Für die, die uns, Unwürdigen, aufgetragen haben, für sie zu beten.

Für die Befreiung der Gefangenen.

Für alle Reisenden.

Für die, die krank darniederliegen.

Um gutes Gedeihen der Früchte der Erde.

Für die Angefochtenen und Suchenden.

Für die um des Glaubens willen Verfolgten und Bedrängten.

Für jede Seele der orthodoxen Christen.

Lasset uns beten auch um reiches Gedeihen der Früchte der Erde.

Für alle uns vorangegangenen orthodoxen Entschlafenen: unsere Eltern, Väter und Brüder (Mütter und Schwestern), die hier und allerorten ruhen.

Auch für uns selbst lasset uns sprechen:

CHOR: Herr, erbarme Dich. dreimal

PRIESTER: Um die Gebete unserer heiligen Väter willen, Herr Jesus Christus, unser Gott, erbarme Dich unser.

CHOR: Amen.

LESER:

Denen, die uns hassen und Unrecht zufügen, vergib, o, Herr. Denen, die uns Gutes tun, tue Gutes.

Unseren Brüdern und Angehörigen schenke das zum Heil Erbetene und das ewige Leben.

Suche heim die Kranken und schenke ihnen Gesundung.

Beschütze alle Reisenden. Schenke die Vergebung der Sünden denen, die uns Gutes tun.

Erbarme Dich nach Deiner großen Barmherzigkeit derer, die uns Unwürdigen aufgetragen haben, für sie zu beten.

Gedenke, Herr, unserer vorangegangenen Väter und Brüder

(Mütter und Schwestern) und laß sie dort ruhen, wo das Licht Deines Angesichtes leuchtet.

Gedenke, o Herr, derer, die Früchte bringen und Gutes tun in Deinen heiligen Tempeln und gib ihnen das zum Heil Erbetene und das ewige Leben.

Gedenke, o Herr, auch unser, Deiner niedrigen, sündigen und unwürdigen Knechte (Mägde), erleuchte unseren Geist mit dem Licht Deiner Erkenntnis und leite uns auf dem Weg Deiner Gebote.

Auf die Fürbitte Deiner allreinen Mutter, unserer Gebieterin, der Gottesgebärerin und Immerjungfrau Maria, und aller Deinen Heiligen, denn Du bist gesegnet in alle Ewigkeit. Amen.

ANHANG:

1 Die Numerierung der Psalmen folgt der Numerierung in der Übersetzung des A.T. durch die Septuaginta (LXX).

2 Ehre sei Gott in den Höhen und Frieden auf Erden, den Menschen ein Wohlgefallen.

3 Lk. 22,1-39

4 In den Klöstern findet dieser Gottesdienst in den frühen Morgenstunden statt.

5 Jer.11,18-23; 12,1-5a; 12,9a-11a; 12,14-17

6 Exodus (2.Buch Mose) 19,10-19

7 Buch Ijob (Hiob) 38,1-23; 42,1-5

8 Isaja. 50,4-11

9 1.Kor. 11,23-32

10 Mt.26,1-20; Jo.13,3-17; Mt.26,21-39; Lk.22,43-45; Mt.26,40 - 27,2

11 Herablassung

12 ... führtest Du sie in den mystischen Gottesdienst ein; oder: lehrtest Du den Vollzug des geheimnisvollen Dienstes.

13 "erhöhte das Horn der Erlösung"

14 Deshalb hat uns der Aufgang der Sonne aus den Höhen (der Christus ist) <u>heimgesucht</u> und uns auf den Weg des Friedens gelenkt.

15 Schuldschein